保险精算中的随机最优控制问题

毕俊娜 著

科学出版社

北 京

内 容 简 介

本书主要研究保险精算中的几个均值-方差最优投资及最优再保险问题. 第1章主要介绍了均值-方差优化准则的起源, 以及最优策略的构造. 第2章考虑了股票卖空限制下保险人的均值-方差最优投资-再保险问题. 我们的风险模型是古典风险模型, 即假设索赔过程是复合泊松过程. 利用随机线性二次型最优控制理论, 得到了HJB方程的黏性解. 由于我们得到的是HJB方程的黏性解而非经典解, 关于跳跃-扩散模型的HJB方程古典解的验证定理不能使用. 同时由于模型中有跳跃过程, 关于扩散模型HJB方程黏性解的验证定理也不可以用, 因此给出了一个适用于带跳模型的HJB方程黏性解的验证定理. 第3章引进了均值-方差准则作为投资连结寿险合同的风险对冲问题的最优准则. 第4章研究了概率扭曲下保险公司的均值-半方差最优投资及再保险问题. 第5章考虑了基于新巴塞尔协议监管下保险人的均值-方差最优投资-再保险问题. 第6章研究了相依风险模型中两种不同的保费准则下保险人的最优投资-再保险问题.

本书适合大学保险与精算学相关专业高年级本科生、研究生、相关领域的研究人员以及保险行业从业人员阅读.

图书在版编目(CIP)数据

保险精算中的随机最优控制问题 / 毕俊娜 著. —北京: 科学出版社, 2019.12

ISBN 978-7-03-062544-1

Ⅰ. ①保… Ⅱ. ①毕… Ⅲ. ①保险精算—随机控制—最佳控制 Ⅳ. ① F840.48

中国版本图书馆 CIP 数据核字 (2019) 第 213683 号

责任编辑: 李 欣 范培培 / 责任校对: 邹慧卿
责任印制: 张 伟 / 封面设计: 陈 敬

科学出版社 出版

北京东黄城根北街 16 号
邮政编码: 100717
http://www.sciencep.com

北京中石油彩色印刷有限责任公司 印刷
科学出版社发行 各地新华书店经销

*

2019 年 12 月第 一 版 开本: 720×1000 1/16
2019 年 12 月第一次印刷 印张: 7 3/4
字数: 154 000

定价: 59.00 元
(如有印装质量问题, 我社负责调换)

前　言

随着金融和保险市场的发展, 风险理论已经成为金融数学和保险精算中的重要研究方向之一. 金融风险管理是指公司利用金融工具来管理其风险, 金融风险可以用一定的数学模型来量化, 金融风险控制的核心在于什么时候以怎样的方式来通过金融衍生产品控制公司运营过程中产生的风险.

投资理论是研究投资者在一定的目标下选择什么样的策略对自己的资产进行投资的理论, 包括投资组合选择理论、标的资产定价模型、套利定价理论、有效市场假说等. 其中投资组合选择理论是指通过选择一定的资产配置方案, 对于给定的投资组合风险以最大化投资组合的期望收益为目标, 或者对于给定的期望收益以最小化投资组合的风险为目标. 均值-方差投资组合选择理论已经成为现代金融学中的重要理论基础之一. 均值-方差投资组合选择理论是指通过一定的资产配置, 使得投资组合在未来某一固定时刻的收益和风险达到某种最优.

最近这些年, 因为保险公司可以在金融市场中进行投资, 保险人对金融市场的最优投资问题受到越来越多的关注. 另一方面, 为了规避较大的风险, 保险人经常会进行再保险, 把大的风险分散给再保险人. 保险人的最优投资-再保险问题已经成为保险精算研究领域的热点问题之一.

目前, 自然灾害及人为灾害越来越多, 由于共同灾害所引起的同一地区各险种和保单之间有时具有相关性. 比如, 同一地区受到某一共同的自然灾害（如地震、台风、洪水、爆炸等）或人为灾害的影响, 导致风险具有相关性; 有的灾害甚至是全人类所面临的, 如高致病性禽流感、HIV 等传染性疾病; 再比如车险索赔有时也伴随着医疗保险. 对保险公司来说, 这些事件会导致各险种之间以及同一地区的保单之间具有相关性. 存在相依关系的风险模型开始引起很多学者的关注.

本书将在均值-方差、均值-半方差、期望效用最大化等准则下, 利用随机过程、随机分析、随机最优控制、随机微分方程等理论研究保险精算中的优化问题. 通过鞅方法、Hamilton-Jacobi-Bellman (HJB) 方程等方法解决保险精算中的如下几个随机最优控制问题: 卖空限制下保险人的最优投资-再保险问题; 投资连结寿险合同的风险对冲问题; 概率扭曲下保险人的最优投资-再保险问题; 新巴塞尔协议监管下保险人的最优投资-再保险问题; 相依风险模型中两种不同的保费准则下保险人的最优投资-再保险问题. 本书第 4—6 章由作者与胡济恩、李旻翰、陈凯玲合作完成.

　　本书的研究成果不仅能够丰富和完善金融工程、保险精算和风险管理、随机最优控制理论的研究内容, 同时也能为保险公司和监管部门的决策提供科学依据. 因此, 本书的研究内容具有重要的理论价值、现实意义和应用前景.

　　限于作者学识水平, 书中不足和疏漏之处在所难免, 对于读者任何形式的赐教, 作者都会表示欢迎并衷心感谢!

毕俊娜

2019 年 1 月

目　　录

第 1 章　均值-方差最优投资组合理论概述

本章将简单介绍投资组合的概念, 着重给出投资组合价值和风险估计方法, 以及最优投资组合构造方法.

1.1　最优投资组合概念

人们进行投资, 本质上是在不确定性的收益和风险中进行选择. 投资组合理论用均值-方差来刻画这两个关键因素. 所谓均值, 是指投资组合的期望收益率, 它是单只证券的期望收益率的加权平均, 权重为相应的投资比例. 当然, 股票的收益包括分红派息和资本增值两部分. 所谓方差, 是指投资组合的收益率的方差. 我们把收益率的标准差称为波动率, 它刻画了投资组合的风险. 人们在证券投资决策中应该怎样选择收益和风险的组合呢? 这正是投资组合理论研究的中心问题. 投资组合理论研究 "理性投资者" 如何选择优化投资组合. 所谓理性投资者, 是指这样的投资者: 他们在给定期望风险水平下对期望收益进行最大化, 或者在给定期望收益水平下对期望风险进行最小化. 因此把上述优化投资组合在以波动率为横坐标, 收益率为纵坐标的二维平面中描绘出来, 形成一条曲线. 这条曲线上有一个点, 其波动率最低, 称之为最小方差点. 这条曲线在最小方差点以上的部分就是著名的 Markowitz 投资组合有效边界, 对应的投资组合称为有效投资组合. 投资组合有效边界是一条单调递增的凹曲线.

均值-方差投资组合选择理论 (mean-variance portfolio selection theory) 是由 Markowitz (1952) 提出的, 现在已经成为现代金融学中的重要理论基础之一. Markowitz 对投资组合理论进行了系统、深入和卓有成效的研究, 他因此获得了诺贝尔经济学奖. 均值-方差投资组合选择理论是指通过一定的资产配置, 使得投资组合在未来某一固定时刻的收益和风险达到某种最优. Markowitz (1952) 研究了单周期的均值-方差最优投资组合的构造, 其中风险和收益分别通过投资组合的方差和数学期望来刻画. Markowitz (1952) 首先给出了方差最小投资组合选择问题, 即固定投资组合的数学期望, 使得投资组合的方差达到最小, 这样得到的投资组合称为方差最小投资组合. 如果这个投资组合使得在所有与其方差相同的投资组合中达到期望最大, 那么这个投资策略被称为有效策略 (有效投资组合). 有效投资组合所产生的均值和方差在二维空间中的集合称为有效前沿. 从此, 均值-方差准则成为金融理论中衡量风险的一个重要准则, 见参考文献 (Merton, 1972) 等. 在 2000 年以前, 即随机线性二次型控制 (stochastic linear quadratic control) 理论发展起来之前, 关于均值-方差问题的研究主要局限于离散时间. 之后, 由于利用随机线性二次型控制理论的知识, 可以得到这类问题的显式解, 一系列文章开始考虑连续时间 Markowitz 模型. 参见文献 (Zhou and Li, 2000; Li 等, 2002; Lim and Zhou, 2002 以及 Bielecki 等, 2005) 等.

最近这些年, 因为保险公司可以在金融市场中进行投资, 保险人对金融市场的最优投资问题受到越来越多的关注. Wang 等 (2007) 把均值-方差准则应用到保险人的最优投资问题中. 他们假设保险人可以投资到一个风险资产和一个无风险资产中, 利用鞅方法得到了均值-方差准则下的最优投资策略. 之后, 有一系列的文章考虑保险人的最优投资问题, 如 Bi 和 Guo(2008) 研究了在跳跃-扩散金融市场中, 保险人的均值-方差最优投资以及再保险问题. 假设保险人的索赔过程是经典的复合泊松过程, 保险人可以投资到一个无风险资产和一个风险资产中, 保险人可以进行再保险, 股票价格过程是跳跃-扩散模型. 利用随机最优控制理论中的 HJB 方程黏性解以及验证定理, 可以得到原问题的最优投资-再保险策略.

1.2 Markowitz 均值-方差模型的简单概述

Markowitz 提出均值-方差投资组合的方法可以说是 20 世纪 50 年代证券投资组合理论的一项最有意义的工作, 他的理论的独特之处在于分散化投资可有效降低投资风险, 但一般不能消除风险, 而且在其论文中将证券组合的风险用方差来度量.

Markowitz 的投资组合理论基于一些基本的假设:

(1) 投资者事先就已知道投资证券的收益率的概率分布, 这个假设蕴涵证券市场是有效的.

(2) 投资风险用证券收益率的方差或标准差来度量.

(3) 投资者都遵守占优原则, 即在同一风险水平下, 选择收益率较高的证券; 在同一收益率水平下, 选择风险较低的证券.

(4) 各种证券的收益率之间有一定的相关性, 它们之间的相关程度可以用相关系数或收益率之间的协方差来表示.

(5) 每种证券的收益率都服从正态分布.

(6) 每一种证券都是无限可分的, 这意味着, 如果投资者愿意, 他可以购买一个股份的一部分.

(7) 投资者可以以一个无风险利率贷出或借入资金.

(8) 税收和交易成本均忽略不计, 即认为市场是一个无摩擦的市场.

以上假设条件中, (1)—(4) 为 Markowitz 的假设, (5)—(8) 为其隐含的假设.

假如从金融市场上已经选出了 N 种证券, x_i 表示投资到第 i $(i = 1, 2, \cdots, N)$ 种证券的价值比率, 即权数. p 表示由这 N 种证券构成的一个证券组合, 组合中的权数可以为负, 例如 $x_i < 0$ 就表示该组合投资者卖空了第 i 种证券, 将所得资金连同自筹资金买入其他的证券. r_i 表示第 i 种证券的收益率, r_p 表示证券组合 p 的收益率. 由于受金融市场波动及投资者个人理财行为等多种因素的影响, 这里的 r_i $(i = 1, 2, \cdots, N)$ 是随机的, 从而 r_p 一般呈现随机变化, 从概率统计的角度来看, 它们均是随机变量. 现在进一步假设 $x = (x_1, x_2, \cdots, x_N)^{\mathrm{T}}$ 为证券组合 p 的资金投资比例系数向量 (即权重向量), 在一般的数理金融分析中也称 $x = (x_1, x_2, \cdots, x_N)^{\mathrm{T}}$ 为一个投资组合; $r = (r_1, r_2, \cdots, r_N)^{\mathrm{T}}$ 为证券投资组合的收益率向量; $\mu = (\mu_1, \mu_2, \cdots, \mu_N)^{\mathrm{T}}$ 为 r 的期望向量, 即 $\mu = E(r)$; 协方差矩阵 $\Sigma = (\sigma_{ij})_{N \times N} = (\mathrm{Cov}(r_i, r_j))_{N \times N}$, $i, j = 1, 2, \cdots, N$.

下面定义几个基于均值-方差的计量指标.

平均指标——用来度量证券组合的平均收益水平, 即期望收益率:

$$\mu_p = E(r_p) = \sum_{i=1}^{N} x_i E(r_i) = x^{\mathrm{T}} \mu.$$

变异指标——用来度量证券投资组合的风险:

$$\sigma_p^2 = \sum_{i,j=1}^{N} x_i x_j \sigma_{ij} = x^{\mathrm{T}} \Sigma x.$$

基于以上假设, Markowitz 的投资组合模型为:

(1) 允许卖空时的数学模型

$$\text{Min} \quad \sigma_p^2 = x^{\mathrm{T}}\Sigma x,$$

$$\text{s.t.} \begin{cases} x^{\mathrm{T}}\mu \geqslant r_0, \\ x^{\mathrm{T}}t = 1, \end{cases} \tag{1.1}$$

其中, r_0 为证券投资组合的预期收益率, $t = (1,1,\cdots,1)^{\mathrm{T}}$. 这个模型有唯一的最优解 $x^* = \Sigma^{-1}A^{\mathrm{T}}(A\Sigma^{-1}A^{\mathrm{T}})^{-1}B$. 其中

$$A = \begin{pmatrix} \mu_1 \ \mu_2 \ \cdots \ \mu_N \\ 1 \ \ 1 \ \cdots \ \ 1 \end{pmatrix},$$

$$B = \begin{pmatrix} r_0 \\ 1 \end{pmatrix}.$$

(2) 不允许卖空时的数学模型

$$\text{Min} \quad \sigma_p^2 = x^{\mathrm{T}}\Sigma x,$$

$$\text{s.t.} \begin{cases} x^{\mathrm{T}}\mu \geqslant r_0, \\ x^{\mathrm{T}}t = 1, \\ x_i \geqslant 0, \quad i = 1,2,\cdots,N, \end{cases} \tag{1.2}$$

其中, r_0 为证券投资组合的预期收益率, $t = (1,1,\cdots,1)^{\mathrm{T}}$. 这个模型比 (1) 中的模型多了一个非负限制, 也可以得到相应的解和有效边界, 其中有效边界由一系列开口向右的抛物线连接而成.

第 2 章 股票卖空限制下多资产金融市场中 保险人的最优投资-再保险策略

本章将考虑一个均值-方差问题的应用, 考虑随机环境下有卖空限制时保险人的均值-方差最优投资-再保险问题.

2.1 模 型

假设模型建立在概率空间 $(\Omega, \mathbb{F}, (\mathcal{F}_t)_{0 \leqslant t \leqslant T}, \mathbb{P})$ 上. 保险人的盈余过程 $\{R(t)\}_{t \geqslant 0}$ 定义为

$$dR(t) = cdt - d\sum_{i=1}^{N(t)} Y_i, \quad R(0) = u, \tag{2.1}$$

其中常数 c 是保费率, $\{N(t)\}$ 是强度为 $\lambda > 0$ 的泊松过程, $N(t)$ 是 $[0, t]$ 时间段内发生的索赔数, Y_i 是第 i 次索赔的索赔额. 假设 $\{Y_i, i \geqslant 1\}$ 是独立同分布的随机变量序列, 共同的分布为 Y, 分布函数为 F, 一阶矩为 $EY = \mu_1 > 0$, 二阶矩为 $E(Y^2) = \mu_2 > 0$. 假设 $\{Y_i, i \geqslant 1\}$ 与 $\{N(t)\}$ 独立, 则复合泊松过程 $\sum_{i=1}^{N(t)} Y_i$ 表示 $[0, t]$ 时间段内总的索赔额. 假设第 i 次索赔发生在时刻 T_i, 保费率满足 $c > \lambda \mu_1$.

假设保险人可以将所有的资产均投资到金融市场, 金融市场中有一个无风险资产 (债券, bond) 和 m 个风险资产 (股票, stocks). 假设金融市场中的 $m + 1$ 个资产在时间段 $[0, T]$ 内是连续交易的.

假设无风险资产的价格为

$$\begin{cases} dP_0(t) = r(t)P_0(t)dt, & t \in [0, T], \\ P_0(0) = p_0, \end{cases} \tag{2.2}$$

其中 $r(t)(> 0)$ 为无风险利率.

风险资产的价格为如下的随机微分方程:

$$\begin{cases} dP_i(t) = P_i(t)\left[b_i(t)dt + \sum_{j=1}^m \sigma_{ij}(t)dW^j(t)\right], & t \in [0, T], \\ P_i(0) = p_i, & i = 1, 2, \cdots, m, \end{cases} \tag{2.3}$$

其中 $b_i(t)(> r(t))$ 为漂移系数, $\sigma_{ij}(t)$ 为波动率, 记矩阵 $\sigma(t) := (\sigma_{ij}(t))$. 另记 $W(t) := (W^1(t), W^2(t), \cdots, W^m(t))^{\mathrm{T}}$ 是关于 $\{\mathcal{F}_t\}_{t \geqslant 0}$-适应的 m 维标准布朗运动. 符号 T 代表矩阵或向量的转置. 假设 $r(t)$, $b(t)$ 以及 $\sigma(t)$ 均为 $[0, T]$ 上确定的 Borel 可测的有界函数. 另外, 假设有如下的非退化条件

$$\sigma(t)\sigma(t)^{\mathrm{T}} \geqslant \delta I, \quad \forall t \in [0, T], \tag{2.4}$$

其中 $\delta > 0$ 是给定的常数.

假设 $u_i(t)$ $(i = 0, 1, \cdots, m)$ 表示在时刻 t 投资到第 i 种资产上的总价值, 则 $u_0(t) + u_1(t) + \cdots + u_m(t) = X(t)$. $q(t)$ 表示 t 时刻再保险的比例系数, 即在时刻 t, 对于索赔额 Y, 保险人支付 $q(t)Y$, 再保险人支付 $(1 - q(t))Y$. 保险人支付给再保险人的保费率为 $(1 - q(t))c_1$ $(c_1 > \lambda\mu_1)$. 称 $\alpha(t) = (u(t), q(t))$ 为一个策略, 其中 $u(t) := (u_1(t), u_2(t), \cdots, u_m(t))^{\mathrm{T}}$. 则保险人的资产过程 $X(t)$ 为

$$
\begin{aligned}
dX(t) &= \frac{u_0(t)}{P_0(t)} dP_0(t) + \sum_{i=1}^{m} \frac{u_i(t)}{P_i(t)} dP_i(t) + [c - c_1(1 - q(t))]dt - d\sum_{i=1}^{N(t)} q(T_i)Y_i \\
&= \left\{ r(t)X(t) + \sum_{i=1}^{m} [b_i(t) - r(t)]u_i(t) + [c - c_1(1 - q(t))] \right\} dt \\
&\quad + \sum_{i=1}^{m} \sum_{j=1}^{m} u_i(t)\sigma_{ij}(t)dW^j(t) - d\sum_{i=1}^{N(t)} q(T_i)Y_i, \tag{2.5}
\end{aligned}
$$

即 $X(t)$ 满足

$$
\begin{cases}
dX(t) = \{r(t)X(t) + B(t)^{\mathrm{T}}u(t) + [c - c_1(1 - q(t))]\}dt \\
\qquad\quad + u(t)^{\mathrm{T}}\sigma(t)dW(t) - d\sum\limits_{i=1}^{N(t)} q(T_i)Y_i, \\
X(0) = X_0,
\end{cases} \tag{2.6}
$$

其中 $B(t) := (b_1(t) - r(t), \cdots, b_m(t) - r(t))^{\mathrm{T}} \in \mathbb{R}_+^m$.

本章考虑的一个重要限制是股票不允许卖空, 即策略需要满足 $u_i(t) \geqslant 0$, $i = 1, 2, \cdots, m$ 且 $q(t) \geqslant 0$. 对 $u_0(t)$ 没有限制. 对于保险公司来说, $q(t) \in [0, 1]$ 表示该保险公司作为保险人进行再保险, $q(t) > 1$ 则表示该保险公司作为再保险人承担再保险业务.

如果 $(u(t), q(t))$ 是 $\mathcal{F}_t$ 循序可测的 (progressive measurable), 并且满足 $u_i(t) \geqslant 0$, $i = 1, 2, \cdots, m$, $q(t) \geqslant 0$, $E \int_0^T (u_1^2(t) + u_2^2(t) + \cdots + u_m^2(t)) dt < +\infty$ 且 $E \int_0^T q(t) dt < +\infty$, 则称策略 $\alpha(t)$ 为可允许策略, 所有可允许策略的全集记作 Π.

记 $X^\alpha(T)$ 为采用策略 $\alpha(\cdot)$ 时对应的终端财富. 均值-方差策略的目标是对所有的 $\alpha(\cdot) \in \Pi$, 最大化终端财富的期望 $E[X^\alpha(T)]$, 同时, 最小化其方差 $\mathrm{Var}[X^\alpha(T)]$. 这是一个含有两个矛盾准则的多目标优化问题, 策略 $\alpha^* \in \Pi$ 被称为均值-方差有效的, 如果不存在策略 $\alpha \in \Pi$ 使得

$$E[X^\alpha(T)] \geqslant E[X^{\alpha^*}(T)], \quad \mathrm{Var}[X^\alpha(T)] \leqslant \mathrm{Var}[X^{\alpha^*}(T)]$$

中至少有一个不等号严格成立. 此时, 称 $(\mathrm{Var}[X^{\alpha^*}(T)], E[X^{\alpha^*}(T)]) \in \mathbb{R}^2$ 是有效点, 所有有效点组成的集合称为有效前沿.

首先考虑如下的优化问题, 先固定终端财富的期望为常数 k, 即 $E[X^\alpha(T)] = k$, 然后令其方差

$$\mathrm{Var}[X^\alpha(T)] = E\{X^\alpha(T) - E[X^\alpha(T)]\}^2 = E\{[X^\alpha(T) - k]^2\}$$

达到最小.

考虑如下的假设.

假设 2.1 终端财富的期望 k 满足

$$k \geqslant X_0 e^{\int_0^T r(s)ds} + (c - c_1) \int_0^T e^{\int_v^T r(s)ds} dv. \tag{2.7}$$

以上假设是合理的假设, 终端财富的期望应不小于

$$X_0 e^{\int_0^T r(s)ds} + (c - c_1) \int_0^T e^{\int_v^T r(s)ds} dv,$$

即没有再保险 ($q(t) = 0$) 时, 保险人将所有财富均投资到无风险资产上时对应的终端财富值. 这显然是一个合理的假设, 因为条件

$$k < X_0 e^{\int_0^T r(s)ds} + (c - c_1) \int_0^T e^{\int_v^T r(s)ds} dv$$

下的投资者是不理智的.

定义 2.1　上述的方差最小问题可以归结为如下的优化问题:

$$\text{Min}\quad \text{Var}[X(T)] = E[X(T) - k]^2,$$

$$\text{s.t.}\quad \begin{cases} EX(T) = k, \\ \alpha(\cdot) \in \Pi, \\ (X(\cdot), \alpha(\cdot)) \quad 满足(2.6). \end{cases} \tag{2.8}$$

该问题对应的最优投资组合 (对应于给定的 k) 被称为方差最小投资组合, 所有点 $(\text{Var}[X^*(T)], k)$ 组成的集合称为方差最小前沿, 其中 $\text{Var}[X^*(T)]$ 为对应于 k 的问题 (2.8) 的最优值.

由于问题 (2.8) 是凸最优问题, 条件限制 $EX(T) = k$ 可以通过引入一个 Lagrange 乘子 $\beta \in \mathbb{R}$ 去除. 此时, 问题 (2.8) 可以通过如下的随机最优控制问题解决 (对每个固定的 β)

$$\text{Min}\quad E\{[X(T) - k]^2 + 2\beta[EX(T) - k]\},$$

$$\text{s.t.}\quad \begin{cases} \alpha(\cdot) \in \Pi, \\ (X(\cdot), \alpha(\cdot)) \quad 满足(2.6), \end{cases} \tag{2.9}$$

其中 β 前面的系数 2 只是为了形式上的方便. 注意 (2.8) 与 (2.9) 并不等价, 求解问题 (2.9) 之后, 根据 Lagrange 对偶定理, 还需要对所有的 $\beta \in \mathbb{R}$, 最大化 (2.9) 中的最优值.

问题 (2.9) 等价于

$$\text{Min}\quad E\{[X(T) - (k - \beta)]^2\},$$

$$\text{s.t.}\quad \begin{cases} \alpha(\cdot) \in \Pi, \\ (X(\cdot), \alpha(\cdot)) \quad 满足(2.6). \end{cases} \tag{2.10}$$

这里等价的含义是指 (2.9) 和 (2.10) 具有相同的最优值, 但是这两个问题的最优值并不相同, 下面先求 (2.10) 的最优值, 然后求 (2.9) 的最优值.

2.2　辅助随机线性二次控制问题的解

2.1 节所定义的问题 (2.10) 是一个随机最优线性二次控制问题, 由于该优化问题中有卖空限制, 所以传统的极大值原则以及完全平方等方法不再适用. 接下来, 将借助随机最优控制理论中的 HJB 方程来解决此问题.

首先, 需要解决一个辅助问题, 考虑如下的线性控制的随机微分方程:

$$\begin{cases} dx(t) = [r(t)x(t) + B(t)^{\mathrm{T}}u(t) + c(t) + c_1 q(t)]dt \\ \qquad + u(t)^{\mathrm{T}}\sigma(t)dW(t) - d\sum_{i=1}^{N(t)} q(T_i)Y_i, \\ x(0) = x_0, \end{cases} \tag{2.11}$$

以及问题

$$\begin{aligned} \text{Min} \quad & E\left\{\frac{1}{2}[x(T)]^2\right\}, \\ \text{s.t.} \quad & \begin{cases} \alpha(\cdot) \in \Pi, \\ (x(\cdot), \alpha(\cdot)) \quad \text{满足} \quad (2.11). \end{cases} \end{aligned} \tag{2.12}$$

注意到, 如果令

$$x(t) = X(t) - (k-\beta), c(t) = c - c_1 + (k-\beta)r(t) \quad \text{以及} \quad X(0) = x(0) + (k-\beta),$$

(2.11) 即转化为 (2.6). 定义如下的最优值函数

$$J(t,x) = \inf_{\alpha(\cdot)\in\Pi} E\left\{\frac{1}{2}[x(T)]^2 \,\Big|\, x(t) = x\right\}. \tag{2.13}$$

在开始求解之前, 先回顾一下凸分析中的如下结论.

引理 2.1 假设 h 是一个严格凸的二次连续函数, $h(u) := \frac{1}{2}u^{\mathrm{T}}D^{\mathrm{T}}Du + aB^{\mathrm{T}}u,\ u \in [0,\infty)^m$, 其中 $B \in \mathbb{R}^m_+$, $D \in \mathbb{R}^{m\times m}$, 且 $D^{\mathrm{T}}D \geqslant 0$ (i.e., $D^{\mathrm{T}}D$ 是非负定矩阵).

(1) 对任意的 $a < 0$, h 有唯一的最小值点 $-aD^{-1}\xi \in [0,\infty)^m$ 且最小值为

$$h(-aD^{-1}\xi) = -\frac{1}{2}a^2\|\xi\|^2,$$

其中 $\xi = (D^{\mathrm{T}})^{-1}\bar{z} + (D^{\mathrm{T}})^{-1}B$, 且 $\bar{z} := \arg\min_{z\in[0,\infty)^m}\|(D^{\mathrm{T}})^{-1}z + (D^{\mathrm{T}})^{-1}B\|^2$. 这里 $\|M\| = \sqrt{\sum_{i,j} m_{ij}^2}$ 表示矩阵或者向量 M 的模.

(2) 对任意的 $a \geqslant 0$, h 的最小值点为 $\mathbf{0}$ (列向量), 且 $h(u)$ 的最小值为 $h(\mathbf{0}) = 0$.

注解 2.1 注意向量 ξ 与参数 a 是独立的, 且 $-aD^{-1}\xi \in [0,\infty)^m$. 引理 2.1(1) 的证明可以参考 (Xu 和 Shreve (1992), Lemma 3.2 (321 页)), 引理 2.1 (2) 的证明是很显然的.

接下来讨论问题 (2.11)—(2.12) 对应的 HJB 方程, 即如下的偏微分方程

$$
\begin{cases}
V_t(t,x) + \inf_{u \geqslant 0, q \geqslant 0} \Big\{ V_x(t,x)[r(t)x + B(t)^{\mathrm{T}}u + c(t) + c_1 q] \\
\qquad + \dfrac{1}{2} V_{xx}(t,x)u^{\mathrm{T}}\sigma(t)\sigma(t)^{\mathrm{T}}u + \lambda E[V(t, x - qY) - V(t,x)] \Big\} = 0, \quad (2.14) \\
V(T,x) = \dfrac{1}{2}x^2,
\end{cases}
$$

其中 $V_t(t,x)$ 表示函数 $V(t,x)$ 关于第一个分量的一阶偏导数, 在求解此方程之前, 首先给出 HJB 方程黏性解的概念.

定义 2.2　假设 V 是一个连续函数.

(1) 称定义在 $(t,x) \in [0,T] \times \mathbb{R}$ 上的函数 V 是方程 (2.14) 的黏性下解, 如果对任意的 $\varphi \in C^{1,2}([0,T] \times \mathbb{R})$, 在任意点 $(\bar{t}, \bar{x}) \in [0,T] \times \mathbb{R}$ 均有

$$
\inf_{u \geqslant 0, q \geqslant 0} \Big\{ \varphi_t(\bar{t}, \bar{x}) + \varphi_x(\bar{t}, \bar{x})[r(\bar{t})\bar{x} + B(\bar{t})^{\mathrm{T}}u + c(\bar{t}) + c_1 q] \\
\qquad + \frac{1}{2}\varphi_{xx}(\bar{t}, \bar{x})u^{\mathrm{T}}D(\bar{t})^{\mathrm{T}}D(\bar{t})u + \lambda E[\varphi(\bar{t}, \bar{x} - qY) - \varphi(\bar{t}, \bar{x})] \Big\} \geqslant 0,
$$

其中 $(\bar{t}, \bar{x}) \in [0,T] \times \mathbb{R}$ 是定义在 $[0,T] \times \mathbb{R}$ 上的函数 $V - \varphi$ 的最大值点, 且有 $V(\bar{t}, \bar{x}) = \varphi(\bar{t}, \bar{x})$.

(2) 称定义在 $(t,x) \in [0,T] \times \mathbb{R}$ 上的函数 V 是方程 (2.14) 的黏性上解, 如果对任意的 $\varphi \in C^{1,2}([0,T] \times \mathbb{R})$, 在任意点 $(\bar{t}, \bar{x}) \in [0,T] \times \mathbb{R}$ 均有

$$
\inf_{u \geqslant 0, q \geqslant 0} \Big\{ \varphi_t(\bar{t}, \bar{x}) + \varphi_x(\bar{t}, \bar{x})[r(\bar{t})\bar{x} + B(\bar{t})^{\mathrm{T}}u + c(\bar{t}) + c_1 q] + \frac{1}{2}\varphi_{xx}(\bar{t}, \bar{x})u^{\mathrm{T}}D(\bar{t})^{\mathrm{T}}D(\bar{t})u \\
\qquad + \lambda E[\varphi(\bar{t}, \bar{x} - qY) - \varphi(\bar{t}, \bar{x})] \Big\} \leqslant 0,
$$

其中 $(\bar{t}, \bar{x}) \in [0,T] \times \mathbb{R}$ 是定义在 $[0,T] \times \mathbb{R}$ 上的函数 $V - \varphi$ 的最小值点, 且有 $V(\bar{t}, \bar{x}) = \varphi(\bar{t}, \bar{x})$.

(3) 称定义在 $(t,x) \in [0,T] \times \mathbb{R}$ 上的函数 V 是方程 (2.14) 的黏性解, 如果它既是黏性上解, 又是黏性下解.

定理 2.1 函数

$$
V(t,x) =
\begin{cases}
\dfrac{1}{2} e^{-\int_t^T [\|\xi(s)\|^2 + \frac{(c_1-\lambda\mu_1)^2}{\lambda\mu_2}]ds} \left[xe^{\int_t^T r(s)ds} + \int_t^T c(s)e^{\int_s^T r(z)dz}ds \right]^2, \\
\qquad x + e^{-\int_t^T r(s)ds} \int_t^T c(s)e^{\int_s^T r(z)dz}ds < 0, \\[2mm]
\dfrac{1}{2} \left[xe^{\int_t^T r(s)ds} + \int_t^T c(s)e^{\int_s^T r(z)dz}ds \right]^2, \\
\qquad x + e^{-\int_t^T r(s)ds} \int_t^T c(s)e^{\int_s^T r(z)dz}ds \geqslant 0
\end{cases}
\tag{2.15}
$$

是 HJB 方程 (2.14) 的黏性解. 方程 (2.14) 左侧部分最小值点为 $(u^*(t,x), q^*(t,x))$, 其中

$$
u^*(t,x) =
\begin{cases}
-(\sigma(t)^{\mathrm{T}})^{-1}\xi(t) \left[x + e^{-\int_t^T r(s)ds} \int_t^T c(s)e^{\int_s^T r(z)dz}ds \right], \\
\qquad x + e^{-\int_t^T r(s)ds} \int_t^T c(s)e^{\int_s^T r(z)dz}ds < 0, \\[2mm]
\mathbf{0}, \quad x + e^{-\int_t^T r(s)ds} \int_t^T c(s)e^{\int_s^T r(z)dz}ds \geqslant 0,
\end{cases}
\tag{2.16}
$$

且

$$
q^*(t,x) =
\begin{cases}
-\dfrac{c_1-\lambda\mu_1}{\lambda\mu_2} \left[x + e^{-\int_t^T r(s)ds} \int_t^T c(s)e^{\int_s^T r(z)dz}ds \right], \\
\qquad x + e^{-\int_t^T r(s)ds} \int_t^T c(s)e^{\int_s^T r(z)dz}ds < 0, \\[2mm]
0, \quad x + e^{-\int_t^T r(s)ds} \int_t^T c(s)e^{\int_s^T r(z)dz}ds \geqslant 0,
\end{cases}
\tag{2.17}
$$

其中 $\xi(t) = (\sigma(t))^{-1}\bar{z}(t) + (\sigma(t))^{-1}B(t)$, 且

$$
\bar{z}(t) := \arg \min_{z(t)\in[0,\infty)^m} \|(\sigma(t))^{-1}z(t) + (\sigma(t))^{-1}B(t)\|^2.
$$

证明 假设 HJB 方程 (2.14) 有如下形式的解

$$
V(t,x) = \frac{1}{2}P(t)x^2 + Q(t)x + R(t).
\tag{2.18}
$$

由 HJB 方程 (2.14) 的边界条件可知 $P(T)=1$, $Q(T)=0$, 且 $R(T)=0$. 将此形

式代入 HJB 方程 (2.14) 可得

$$\inf_{u \geqslant 0} \left\{ \frac{1}{2} u^{\mathrm{T}} \sigma(t) \sigma(t)^{\mathrm{T}} u + B(t)^{\mathrm{T}} u \left[x + \frac{Q(t)}{P(t)} \right] \right\} P(t)$$

$$+ \inf_{q \geqslant 0} \left\{ \frac{1}{2} \lambda \mu_2 P(t) q^2 + [P(t)x + Q(t)](c_1 - \lambda \mu_1) q \right\}$$

$$+ \left[\frac{1}{2} P_t(t) + P(t)r(t) \right] x^2 + [Q_t(t) + Q(t)r(t) + P(t)c(t)] x$$

$$+ R_t(t) + Q(t)c(t) = 0. \tag{2.19}$$

注意这里 $P_t(t)$ 表示导数, 在引理 2.1 中, 令 $a = x + \dfrac{Q(t)}{P(t)}$, $D = \sigma(t)^{\mathrm{T}}$, 且 $B = B(t)$, 可得 $\xi(t) = (\sigma(t))^{-1} \bar{z}(t) + (\sigma(t))^{-1} B(t)$, 且

$$\bar{z}(t) := \arg \min_{z(t) \in [0, \infty)^m} \| (\sigma(t))^{-1} z(t) + (\sigma(t))^{-1} B(t) \|^2.$$

则有如下结论:

(a) 如果 $x + \dfrac{Q(t)}{P(t)} < 0$, 由引理 2.1(1) 可得

$$u^*(t, x) = - \left[x + \frac{Q(t)}{P(t)} \right] [\sigma(t)^{\mathrm{T}}]^{-1} \xi(t)$$

及

$$q^*(t, x) = - \left[x + \frac{Q(t)}{P(t)} \right] \frac{c_1 - \lambda \mu_1}{\lambda \mu_2}$$

是 (2.19) 左侧的最小值点, 且 (2.19) 变为

$$\left[\frac{1}{2} P_t(t) + P(t)r(t) \right] x^2 + [Q_t(t) + Q(t)r(t) + P(t)c(t)] x$$

$$+ R_t(t) + Q(t)c(t) - \frac{1}{2} \left[x + \frac{Q(t)}{P(t)} \right]^2 \left[\| \xi(t) \|^2 + \frac{(c_1 - \lambda \mu_1)^2}{\lambda \mu_2} \right] P(t) = 0.$$

比较 x^2, x 以及常数项的系数可得

$$\frac{1}{2} P_t(t) + P(t)r(t) - \frac{1}{2} \left[\| \xi(t) \|^2 + \frac{(c_1 - \lambda \mu_1)^2}{\lambda \mu_2} \right] P(t) = 0,$$

$$Q_t(t) + Q(t)r(t) + P(t)c(t) - \left[\| \xi(t) \|^2 + \frac{(c_1 - \lambda \mu_1)^2}{\lambda \mu_2} \right] Q(t) = 0,$$

$$R_t(t) + Q(t)c(t) - \frac{1}{2} \left[\| \xi(t) \|^2 + \frac{(c_1 - \lambda \mu_1)^2}{\lambda \mu_2} \right] \frac{Q(t)^2}{P(t)} = 0.$$

再加上边界条件, 可得如下的微分方程

$$
\begin{cases}
P_t(t) = \left[-2r(t) + \|\xi(t)\|^2 + \dfrac{(c_1 - \lambda\mu_1)^2}{\lambda\mu_2} \right] P(t), \\
P(T) = 1, \\
P(t) > 0,
\end{cases}
\tag{2.20}
$$

$$
\begin{cases}
Q_t(t) = \left[-r(t) + \|\xi(t)\|^2 + \dfrac{(c_1 - \lambda\mu_1)^2}{\lambda\mu_2} \right] Q(t) - c(t)P(t), \\
Q(T) = 0,
\end{cases}
\tag{2.21}
$$

以及

$$
\begin{cases}
R_t(t) = -c(t)Q(t) + \dfrac{1}{2}\left[\|\xi(t)\|^2 + \dfrac{(c_1 - \lambda\mu_1)^2}{\lambda\mu_2} \right] \dfrac{Q(t)^2}{P(t)}, \\
R(T) = 0.
\end{cases}
\tag{2.22}
$$

显然式 (2.20) 的解为

$$
P(t) = e^{\int_t^T \left[2r(s) - \|\xi(s)\|^2 - \frac{(c_1 - \lambda\mu_1)^2}{\lambda\mu_2} \right] ds}.
\tag{2.23}
$$

将之代入可得

$$
Q(t) = e^{\int_t^T \left[r(s) - \|\xi(s)\|^2 - \frac{(c_1 - \lambda\mu_1)^2}{\lambda\mu_2} \right] ds} \int_t^T c(s) e^{\int_s^T r(z)dz} ds.
\tag{2.24}
$$

将此两式代入可得

$$
\begin{aligned}
R(t) = {} & \int_t^T c(v) e^{\int_v^T \left[r(s) - \|\xi(s)\|^2 - \frac{(c_1 - \lambda\mu_1)^2}{\lambda\mu_2} \right] ds} \int_v^T c(s) e^{\int_s^T r(z)dz} ds\, dv \\
& - \frac{1}{2} \int_t^T \left[\|\xi(v)\|^2 + \frac{(c_1 - \lambda\mu_1)^2}{\lambda\mu_2} \right] e^{-\int_v^T \left[\|\xi(s)\|^2 + \frac{(c_1 - \lambda\mu_1)^2}{\lambda\mu_2} \right] ds} \\
& \cdot \left[\int_v^T c(s) e^{\int_s^T r(z)dz} ds \right]^2 dv.
\end{aligned}
\tag{2.25}
$$

(b) 如果 $x + \dfrac{Q(t)}{P(t)} \geqslant 0$, 由引理 2.1(2) 可得 $u^*(t,x) = \mathbf{0}$ 及 $q^*(t,x) = 0$ 是 (2.19) 左侧的最小值点, 且 (2.19) 变为

$$
\left[\frac{1}{2} P_t(t) + P(t)r(t) \right] x^2 + [Q_t(t) + Q(t)r(t) + P(t)c(t)]x + R_t(t) + Q(t)c(t) = 0.
$$

再加上边界条件, 可得如下的微分方程

$$\begin{cases} \widetilde{P}_t(t) = -2r(t)\widetilde{P}(t), \\ \widetilde{P}(T) = 1, \\ \widetilde{P}(t) > 0, \end{cases} \tag{2.26}$$

$$\begin{cases} \widetilde{Q}_t(t) = -r(t)\widetilde{Q}(t) - c(t)\widetilde{P}(t), \\ \widetilde{Q}(T) = 0, \end{cases} \tag{2.27}$$

以及

$$\begin{cases} \widetilde{R}_t(t) = -c(t)\widetilde{Q}(t), \\ \widetilde{R}(T) = 0. \end{cases} \tag{2.28}$$

类似于 (a) 中的计算过程, 可得到

$$\begin{aligned} \widetilde{P}(t) =& e^{\int_t^T 2r(s)ds}, \\ \widetilde{Q}(t) =& e^{\int_t^T r(s)ds} \int_t^T c(s)e^{\int_s^T r(z)dz}ds, \\ \widetilde{R}(t) =& \frac{1}{2}\left[\int_t^T c(s)e^{\int_s^T r(z)dz}ds\right]^2, \end{aligned} \tag{2.29}$$

从而

$$\frac{1}{2}\widetilde{P}(t)x^2 + \widetilde{Q}(t)x + \widetilde{R}(t) = \frac{1}{2}\left[xe^{\int_t^T r(s)ds} + \int_t^T c(s)e^{\int_s^T r(z)dz}ds\right]^2. \tag{2.30}$$

注意 $\dfrac{Q(t)}{P(t)} = \dfrac{\widetilde{Q}(t)}{\widetilde{P}(t)} = e^{-\int_t^T r(s)ds}\displaystyle\int_t^T c(s)e^{\int_s^T r(z)dz}ds.$

利用 $\dfrac{P(t)}{\widetilde{P}(t)} = \dfrac{Q(t)}{\widetilde{Q}(t)} = \dfrac{R(t)}{\widetilde{R}(t)} = e^{-\int_t^T \left[\|\xi(s)\|^2 + \frac{(c_1-\lambda\mu_1)^2}{\lambda\mu_2}\right]ds}$ 和 (2.30) 即可得到 (2.15).

定义 (t,x) 平面上的区域 Γ_1, Γ_2 以及 Γ_3 如下

$$\Gamma_1 := \left\{(t,x) \in [0,T] \times \mathbb{R} \,\middle|\, x + e^{-\int_t^T r(s)ds}\int_t^T c(s)e^{\int_s^T r(z)dz}ds < 0\right\},$$

$$\Gamma_2 := \left\{(t,x) \in [0,T] \times \mathbb{R} \,\middle|\, x + e^{-\int_t^T r(s)ds}\int_t^T c(s)e^{\int_s^T r(z)dz}ds > 0\right\},$$

$$\Gamma_3 := \left\{(t,x) \in [0,T] \times \mathbb{R} \,\middle|\, x + e^{-\int_t^T r(s)ds}\int_t^T c(s)e^{\int_s^T r(z)dz}ds = 0\right\}.$$

在区域 Γ_1 上, $V(t,x) = \frac{1}{2}P(t)x^2 + Q(t)x + R(t)$ 关于 (2.14) 中的导数项

$$V_t(t,x) = \frac{1}{2}P_t(t)x^2 + Q_t(t)x + R_t(t),$$

$$V_x(t,x) = P(t)x + Q(t),$$

$$V_{xx}(t,x) = P(t)$$

是充分光滑的.

在区域 Γ_2 上, $V(t,x) = \frac{1}{2}\widetilde{P}(t)x^2 + \widetilde{Q}(t)x + \widetilde{R}(t)$ 关于 (2.14) 中的导数项仍然是充分光滑的, 即

$$V_t(t,x) = \frac{1}{2}\widetilde{P}_t(t)x^2 + \widetilde{Q}_t(t)x + \widetilde{R}_t(t),$$

$$V_x(t,x) = \widetilde{P}(t)x + \widetilde{Q}(t),$$

$$V_{xx}(t,x) = \widetilde{P}(t).$$

区域 Γ_3 是使得 $V(t,x)$ 不光滑的转折区域. 在 Γ_3 上,

$$V(t,x) = \frac{1}{2}P(t)x^2 + Q(t)x + R(t) = \frac{1}{2}\widetilde{P}(t)x^2 + \widetilde{Q}(t)x + \widetilde{R}(t) = 0,$$

故 $V(t,x)$ 在 Γ_3 上仍旧是连续的, 经过简单的计算可得

$$\begin{cases} V_t(t,x) = \frac{1}{2}P_t(t)x^2 + Q_t(t)x + R_t(t) = \frac{1}{2}\widetilde{P}_t(t)x^2 + \widetilde{Q}_t(t)x + \widetilde{R}_t(t) = 0, \\ V_x(t,x) = P(t)x + Q(t) = \widetilde{P}(t)x + \widetilde{Q}(t) = 0. \end{cases}$$

也就是说 $V(t,x)$ 在 Γ_3 上仍然是一阶可导的, 然而, $V_{xx}(t,x)$ 在 Γ_3 上不存在, 这是因为 $P(t) \neq \widetilde{P}(t)$. 也就是说, $V(t,x)$ 不具备 HJB 方程古典解 (2.14) 所需要的光滑性条件. 因此, 需要在 HJB 方程黏性解的框架下进行讨论.

令 $\varphi \in C^{1,2}$ 使得 $V - \varphi$ 在其最大值点 $(\bar{t}, \bar{x})$ 处达到最大值 $V(\bar{t}, \bar{x}) = \varphi(\bar{t}, \bar{x})$. 如果 $(\bar{t}, \bar{x}) \in \Gamma_1$ (或者 Γ_2), 有 $\varphi(\bar{t}, \bar{x}) = V(\bar{t}, \bar{x})$, $\varphi_t(\bar{t}, \bar{x}) = V_t(\bar{t}, \bar{x})$, $\varphi_x(\bar{t}, \bar{x}) = V_x(\bar{t}, \bar{x})$, 以及 $\varphi_{xx}(\bar{t}, \bar{x}) \geq V_{xx}(\bar{t}, \bar{x})$. 所以, 在 (2.14) 中用 φ 代替 V 可得

$$\inf_{u \geq 0, q \geq 0} \left\{ \varphi_t(\bar{t}, \bar{x}) + \varphi_x(\bar{t}, \bar{x})[r(\bar{t})\bar{x} + B(\bar{t})u + c(\bar{t}) + c_1 q] + \frac{1}{2}\varphi_{xx}(\bar{t}, \bar{x})u^{\mathrm{T}}D(\bar{t})^{\mathrm{T}}D(\bar{t})u \right.$$
$$\left. + \lambda E[\varphi(\bar{t}, \bar{x} - qY) - \varphi(\bar{t}, \bar{x})] \right\}$$

$$\geqslant \inf_{u \geqslant 0, q \geqslant 0} \left\{ V_t(\bar{t}, \bar{x}) + V_x(\bar{t}, \bar{x})[r(\bar{t})\bar{x} + B(\bar{t})u + c(\bar{t}) + c_1 q] + \frac{1}{2} V_{xx}(\bar{t}, \bar{x}) u^{\mathrm{T}} D(\bar{t})^{\mathrm{T}} D(\bar{t}) u \right.$$
$$\left. + \lambda E[V(\bar{t}, \bar{x} - qY) - V(\bar{t}, \bar{x})] \right\}$$

$$= 0.$$

其中上面不等式成立是因为 $V(\bar{t}, \bar{x} - qY) - \varphi(\bar{t}, \bar{x} - qY) \leqslant 0$. 如果 $(\bar{t}, \bar{x}) \in \Gamma_3$, 有 $\varphi(\bar{t}, \bar{x}) = V(\bar{t}, \bar{x})$, $\varphi_t(\bar{t}, \bar{x}) = V_t(\bar{t}, \bar{x})$, $\varphi_x(\bar{t}, \bar{x}) = V_x(\bar{t}, \bar{x})$, 以及 $\varphi_{xx}(\bar{t}, \bar{x}) \geqslant \widetilde{P}(\bar{t})$. 所以, 在 (2.14) 中用 φ 代替 V 可得

$$\inf_{u \geqslant 0, q \geqslant 0} \left\{ \varphi_t(\bar{t}, \bar{x}) + \varphi_x(\bar{t}, \bar{x})[r(\bar{t})\bar{x} + B(\bar{t})u + c(\bar{t}) + c_1 q] + \frac{1}{2} \varphi_{xx}(\bar{t}, \bar{x}) u^{\mathrm{T}} D(\bar{t})^{\mathrm{T}} D(\bar{t}) u \right.$$
$$\left. + \lambda E[\varphi(\bar{t}, \bar{x} - qY) - \varphi(\bar{t}, \bar{x})] \right\}$$

$$= \inf_{u \geqslant 0, q \geqslant 0} \left\{ \frac{1}{2} \varphi_{xx}(\bar{t}, \bar{x}) u^{\mathrm{T}} D(\bar{t})^{\mathrm{T}} D(\bar{t}) u + \lambda E \varphi(\bar{t}, \bar{x} - qY) \right\}$$

$$\geqslant \inf_{u \geqslant 0, q \geqslant 0} \left\{ \frac{1}{2} \widetilde{P}(\bar{t}) u^{\mathrm{T}} D(\bar{t})^{\mathrm{T}} D(\bar{t}) u + \lambda E V(\bar{t}, \bar{x} - qY) \right\}$$

$$= 0.$$

所以 $V(t, x)$ 是 HJB 方程 (2.14) 的黏性下解, 同样道理可证 (2.15) 中给出的 $V(t, x)$ 是 HJB 方程 (2.14) 的黏性上解, 因此由上面关于 HJB 方程黏性解的定义可知 (2.15) 中给出的 $V(t, x)$ 是 HJB 方程 (2.14) 的黏性解.　　□

2.3　验　证　定　理

验证定理 (verification theorem) 的作用是用来证明 2.2 节给出的 HJB 方程的解即为原优化问题的解. 由于 (2.15) 是 HJB 方程 (2.14) 的黏性解, 所以关于古典解的验证定理不再适用, 下面将给出一个针对本节的优化问题的验证定理.

定理 2.2　如果初始时刻 t 的初始财富 x 满足

$$x + e^{-\int_t^T r(s)ds} \int_t^T c(s) e^{\int_s^T r(z)dz} ds \geqslant 0,$$

则问题 (2.11)—(2.12) 的最优策略为

$$\alpha^*(s) = (u^*(s, x(s)), q^*(s, x(s))) = (\mathbf{0}, 0), \quad t \leqslant s < T.$$

如果初始时刻 t 的初始财富 x 满足 $x + e^{-\int_t^T r(s)ds} \int_t^T c(s)e^{\int_s^T r(z)dz}ds < 0$,
则问题 (2.11)—(2.12) 的最优策略为 $\alpha^*(s) = (u^*(s, x(s)), q^*(s, x(s)))$, 其中

$$
u^*(s, x(s)) = \begin{cases} -(\sigma(s)^{\mathrm{T}})^{-1}\xi(s)\left[x(s) + e^{-\int_s^T r(z)dz}\int_s^T c(v)e^{\int_v^T r(z)dz}dv\right], \\ \qquad t \leqslant s < T \wedge \tau_\alpha, \\ \mathbf{0}, \quad T \wedge \tau_\alpha \leqslant s < T \end{cases} \tag{2.31}
$$

且

$$
q^*(s, x(s)) = \begin{cases} -\dfrac{c_1 - \lambda\mu_1}{\lambda\mu_2}\left[x(s) + e^{-\int_s^T r(z)dz}\int_s^T c(v)e^{\int_v^T r(z)dz}dv\right], \\ \qquad t \leqslant s < T \wedge \tau_\alpha, \\ 0, \quad T \wedge \tau_\alpha \leqslant s < T. \end{cases} \tag{2.32}
$$

$\xi(s)$ 由上述定理给出, 且

$$
\tau_\alpha = \inf\left\{s \geqslant t : x(s) + e^{-\int_s^T r(z)dz}\int_s^T c(v)e^{\int_v^T r(z)dz}dv \geqslant 0\right\}. \tag{2.33}
$$

另外, 值函数 $J(t, x)$ 满足 $J(t, x) = V(t, x)$, 其中 $V(t, x)$ 由式 (2.15) 给出.

证明 该定理的证明可以参考 Bi 等 (2011), 这里不再详述. □

2.4 有效策略和有效前沿

本节把前述结论应用到均值-方差问题中去. 先给出如下定义.

定义 2.3 均值-方差投资组合选择问题是如下的多目标优化问题

$$
\begin{aligned}
&\text{Min} \quad (J_1(\alpha(\cdot)), J_2(\alpha(\cdot))) := (\mathrm{Var}[X^\alpha(T)], -E[X^\alpha(T)]), \\
&\text{s.t.} \begin{cases} \alpha(\cdot) \in \Pi, \\ (X^\alpha(\cdot), \alpha(\cdot)) \quad 满足(2.6). \end{cases}
\end{aligned} \tag{2.34}
$$

可允许策略 $\alpha^*(\cdot)$ 被称为有效投资组合, 如果不存在可允许策略 $\alpha(\cdot)$ 使得

$$
J_1(\alpha(\cdot)) \leqslant J_1(\alpha^*(\cdot)), \quad J_2(\alpha(\cdot)) \leqslant J_2(\alpha^*(\cdot)) \tag{2.35}
$$

至少有一个不等号严格成立, 此时, 称 $(J_1(\alpha^*(\cdot)), -J_2(\alpha^*(\cdot))) \in \mathbb{R}^2$ 是一个有效点.
所有有效点组成的集合称为有效前沿.

换言之, 有效策略是这样的策略, 不存在另一个策略, 使得在时刻 T 比它有更高的收益及更低的风险, 即有效策略是 Pareto 最优的. 众所周知, 有效前沿和有效策略是方差最小前沿以及方差最小策略的子集. 在本章中, 有效前沿和有效策略是满足

$$EX(T) \geqslant X_0 e^{\int_0^T r(s)ds} + (c - c_1) \int_0^T e^{\int_v^T r(s)ds} dv$$

的方差最小前沿以及方差最小策略. 所以可以很容易由方差最小优化问题的解得出原均值-方差问题的最优解. 首先给出原均值-方差问题的值函数.

令 (2.11) 中 $x(t) = X(t) - (k - \beta)$ (从而 $X(t) = x(t) + (k - \beta)$, $X(0) = x(0) + (k - \beta)$) 以及 $c(t) = c - c_1 + (k - \beta)r(t)$, 则 (2.11) 可转化为 (2.6), 因此, 有

$$E\left\{\frac{1}{2}[x(T)]^2\right\} = E\left\{\frac{1}{2}[X(T) - (k - \beta)]^2\right\}$$
$$= E\left\{\frac{1}{2}[X(T) - k]^2\right\} + \beta[E(X(T)) - k] + \frac{1}{2}\beta^2.$$

从而, 对固定的 β, 有

$$\min_{\alpha(\cdot) \in \Pi} E\left\{\frac{1}{2}[X(T) - k]^2\right\} + \beta[E(X(T)) - k]$$
$$= \min_{\alpha(\cdot) \in \Pi} E\left[\frac{1}{2}(x(T))^2\right] - \frac{1}{2}\beta^2$$
$$= V(0, x(0)) - \frac{1}{2}\beta^2.$$

由于 $c(s) = c - c_1 + (k - \beta)r(s)$, 问题 (2.9) 的最优策略为 $\alpha^*(t) = (u^*(t, X(t)), q^*(t, X(t)))$, 其中

$$u^*(t, X(t)) = (u_1^*(t, X(t)), u_2^*(t, X(t)), \cdots, u_m^*(t, X(t)))^{\mathrm{T}}$$
$$= \begin{cases} -(\sigma(t)^{\mathrm{T}})^{-1}\xi(t)\left[X(t) - (k - \beta)e^{-\int_t^T r(s)ds} + (c - c_1)\int_t^T e^{-\int_t^s r(z)dz}ds\right], \\ \qquad X(t) - (k - \beta)e^{-\int_t^T r(s)ds} + (c - c_1)\int_t^T e^{-\int_t^s r(z)dz}ds < 0, \\ 0, \quad X(t) - (k - \beta)e^{-\int_t^T r(s)ds} + (c - c_1)\int_t^T e^{-\int_t^s r(z)dz}ds \geqslant 0 \end{cases}$$

$$(2.36)$$

且

$$
q^*(t, X(t)) = \begin{cases} -\dfrac{c_1 - \lambda\mu_1}{\lambda\mu_2}\left[X(t) - (k-\beta)e^{-\int_t^T r(s)ds} + (c-c_1)\int_t^T e^{-\int_t^s r(z)dz}ds\right], \\[2mm] \qquad X(t) - (k-\beta)e^{-\int_t^T r(s)ds} + (c-c_1)\int_t^T e^{-\int_t^s r(z)dz}ds < 0, \\[2mm] 0, \quad X(t) - (k-\beta)e^{-\int_t^T r(s)ds} + (c-c_1)\int_t^T e^{-\int_t^s r(z)dz}ds \geqslant 0, \end{cases}
$$
(2.37)

对任意的 $t \in [0, T]$, $\xi(t)$ 由上述定理给出.

所以, 问题 (2.9) 的最优值为

$$
\min_{\alpha(\cdot)\in\Pi} E\{[X(T) - k]^2 + 2\beta[E(X(T)) - k]\}
$$

$$
= \begin{cases} P(0)[X_0 - (k-\beta)]^2 + 2Q(0)[X_0 - (k-\beta)] + 2R(0) - \beta^2, \\[2mm] \quad X_0 - (k-\beta)e^{-\int_0^T r(s)ds} + (c-c_1)\int_0^T e^{-\int_0^s r(z)dz}ds < 0, \\[2mm] \widetilde{P}(0)[X_0 - (k-\beta)]^2 + 2\widetilde{Q}(0)[X_0 - (k-\beta)] + 2\widetilde{R}(0) - \beta^2, \\[2mm] \quad X_0 - (k-\beta)e^{-\int_0^T r(s)ds} + (c-c_1)\int_0^T e^{-\int_0^s r(z)dz}ds \geqslant 0, \end{cases}
$$

$$
= \begin{cases} \left[e^{-\int_0^T\left[\|\xi(s)\|^2 + \frac{(c_1-\lambda\mu_1)^2}{\lambda\mu_2}\right]ds} - 1\right]\beta^2 \\[2mm] +2\beta e^{-\int_0^T\left[\|\xi(s)\|^2 + \frac{(c_1-\lambda\mu_1)^2}{\lambda\mu_2}\right]ds}\left[X_0 e^{\int_0^T r(s)ds} + (c-c_1)\int_0^T e^{\int_v^T r(s)ds}dv - k\right] \\[2mm] +e^{-\int_0^T\left[\|\xi(s)\|^2 + \frac{(c_1-\lambda\mu_1)^2}{\lambda\mu_2}\right]ds}\left[X_0 e^{\int_0^T r(s)ds} + (c-c_1)\int_0^T e^{\int_v^T r(s)ds}dv - k\right]^2, \\[2mm] \quad X_0 - (k-\beta)e^{-\int_0^T r(s)ds} + (c-c_1)\int_0^T e^{-\int_0^s r(z)dz}ds < 0, \\[2mm] \left[X_0 e^{\int_0^T r(s)ds} + (c-c_1)\int_0^T e^{\int_v^T r(s)ds}dv - k\right]^2 + 2\beta\Big[X_0 e^{\int_0^T r(s)ds} \\[2mm] +(c-c_1)\int_0^T e^{\int_v^T r(s)ds}dv - k\Big], \\[2mm] \quad X_0 - (k-\beta)e^{-\int_0^T r(s)ds} + (c-c_1)\int_0^T e^{-\int_0^s r(z)dz}ds \geqslant 0. \end{cases}
$$
(2.38)

注意到上述值仍然依赖于 Lagrange 乘子 β, 记之为 $W(\beta)$. 为了得到原问题 (2.8) 的最优值 (即最小方差 $\mathrm{Var}[X(T)]$) 以及最优策略, 由 Lagrange 对偶定理,需要对所有的 $\beta \in \mathbb{R}$ 最大化式 (2.38).

由 (2.38) 可知, 当 $X_0 - (k-\beta)e^{-\int_0^T r(s)ds} + (c-c_1)\int_0^T e^{-\int_0^s r(z)dz}ds \geqslant 0$ 时,

亦即 $\beta \geqslant k + e^{\int_0^T r(s)ds}\left[(c_1 - c)\int_0^T e^{-\int_0^s r(z)dz}ds - X_0\right]$, $W(\beta)$ 是递减的线性函数 (由本节前述假设). 当 $\beta < k + e^{\int_0^T r(s)ds}\left[(c_1 - c)\int_0^T e^{-\int_0^s r(z)dz}ds - X_0\right]$ 时, $W(\beta)$ 是凹函数, 所以 $W(\beta)$ 的最大值点为

$$\beta = \frac{X_0 e^{\int_0^T r(s)ds} + (c - c_1)\int_0^T e^{\int_v^T r(s)ds}dv - k}{e^{\int_0^T \left[\|\xi(s)\|^2 + \frac{(c_1 - \lambda\mu_1)^2}{\lambda\mu_2}\right]ds} - 1}$$

$$\left(< 0 < -X_0 e^{\int_0^T r(s)ds} - (c - c_1)\int_0^T e^{\int_v^T r(s)ds}dv + k\right).$$

所以, 当 $\beta \in \mathbb{R}$ 时, $W(\beta)$ 的最大值点为

$$\beta^* = \frac{X_0 e^{\int_0^T r(s)ds} + (c - c_1)\int_0^T e^{\int_v^T r(s)ds}dv - k}{e^{\int_0^T \left[\|\xi(s)\|^2 + \frac{(c_1 - \lambda\mu_1)^2}{\lambda\mu_2}\right]ds} - 1},$$

且最大值为

$$W(\beta^*) = \frac{\left[X_0 e^{\int_0^T r(s)ds} + (c - c_1)\int_0^T e^{\int_v^T r(s)ds}dv - k\right]^2}{e^{\int_0^T \left[\|\xi(s)\|^2 + \frac{(c_1 - \lambda\mu_1)^2}{\lambda\mu_2}\right]ds} - 1}.$$

上面的讨论可以归结为下面的定理.

定理 2.3　均值-方差投资组合问题 (2.8) 对应于终端财富的期望 $EX(T) = k$ 的最优策略是关于时间 t 以及财富过程 $X(t)$ 的函数 $\alpha^*(t) = (u^*(t, X(t)), q^*(t, X(t)))$, 其中

$$u^*(t, X(t))$$
$$= (u_1^*(t, X(t)), u_2^*(t, X(t)), \cdots, u_m^*(t, X(t)))^{\mathrm{T}}$$
$$= \begin{cases} -(\sigma(t)^{\mathrm{T}})^{-1}\xi(t)\left[X(t) - (k - \beta^*)e^{-\int_t^T r(s)ds} + (c - c_1)\int_t^T e^{-\int_t^s r(z)dz}ds\right], \\ \qquad X(t) - (k - \beta^*)e^{-\int_t^T r(s)ds} + (c - c_1)\int_t^T e^{-\int_t^s r(z)dz}ds < 0, \\ \mathbf{0}, \quad X(t) - (k - \beta^*)e^{-\int_t^T r(s)ds} + (c - c_1)\int_t^T e^{-\int_t^s r(z)dz}ds \geqslant 0 \end{cases}$$

$$\tag{2.39}$$

且

$$
q^*(t, X(t)) = \begin{cases} \dfrac{c_1 - \lambda\mu_1}{\lambda\mu_2}\left[X(t) - (k - \beta^*)e^{-\int_t^T r(s)ds} + (c - c_1)\displaystyle\int_t^T e^{-\int_t^s r(z)dz}ds\right], \\ \qquad X(t) - (k - \beta^*)e^{-\int_t^T r(s)ds} + (c - c_1)\displaystyle\int_t^T e^{-\int_t^s r(z)dz}ds < 0, \\ 0, \quad X(t) - (k - \beta^*)e^{-\int_t^T r(s)ds} + (c - c_1)\displaystyle\int_t^T e^{-\int_t^s r(z)dz}ds \geqslant 0, \end{cases}
$$

$$(2.40)$$

对任意的 $t \in [0, T]$, $\xi(t)$ 由定理 2.1 给出, 且

$$
\beta^* = \frac{X_0 e^{\int_0^T r(s)ds} + (c - c_1)\displaystyle\int_0^T e^{\int_v^T r(s)ds}dv - k}{e^{\int_0^T \left[\|\xi(s)\|^2 + \frac{(c_1 - \lambda\mu_1)^2}{\lambda\mu_2}\right]ds} - 1}.
$$

另外, 有效前沿为 $(\mathrm{Var}[X(T)], EX(T))$, 其中

$$
\mathrm{Var}[X(T)] = \frac{\left[X_0 e^{\int_0^T r(s)ds} + (c - c_1)\displaystyle\int_0^T e^{\int_v^T r(s)ds}dv - EX(T)\right]^2}{e^{\int_0^T \left[\|\xi(s)\|^2 + \frac{(c_1 - \lambda\mu_1)^2}{\lambda\mu_2}\right]ds} - 1}. \tag{2.41}
$$

终端财富的期望 $EX(T)$ 满足

$$
EX(T) \geqslant X_0 e^{\int_0^T r(s)ds} + (c - c_1)\int_0^T e^{\int_v^T r(s)ds}dv.
$$

注解 2.2　式 (2.39) 和 (2.40) 表明, 如果初始财富足够大, 即

$$
X(t) \geqslant (k - \beta^*)e^{-\int_t^T r(s)ds} + (c - c_1)\int_t^T e^{-\int_t^s r(z)dz}ds,
$$

那么最优的策略是把所有资产都投资到无风险资产上. 这跟直观的印象相符, 因为我们的问题是在期望 (收益) 给定的条件下, 让方差 (风险) 达到最小. 如果保险公司有足够的初始财富, 则终端财富的期望很容易达到给定的值, 那么使风险最小的方法是不进行无风险投资.

注解 2.3　令 $\sigma_{X(T)}$ 表示终端财富的标准差, 由式 (2.41) 可知

$$
EX(T) = \sigma_{X(T)}\sqrt{e^{\int_0^T \left[\|\xi(s)\|^2 + \frac{(c_1 - \lambda\mu_1)^2}{\lambda\mu_2}\right]ds} - 1} + X_0 e^{\int_0^T r(s)ds}
$$
$$
+ (c - c_1)\int_0^T e^{\int_v^T r(s)ds}dv.
$$

所以本节的模型中均值-标准差有效前沿仍是一条直线, 这与经典的均值-方差投资组合选择问题相同.

2.5 投资组合风险估计

例 2.1 利用上述结果, 选取不同的 λ, 画出关于有效前沿的图形, 见图 2.1, 以下是 MATLAB 的命令行.

```
r=0.04;
z=10;
c=0.32;
b=0.1;
d=0.02;
B=[0.02;0.03;0.04];
D=[1,0,2/3;0,1,0;0,0,1];
M=exp(B'*(D*D')(-1)*B)-1;
a1=3.5;
a2=3;
d1=2.5;
P1=a1*d*(exp(2*r-B'*(D*D')(-1)*B)-1)/r;
P2=a2*d*(exp(2*r-B'*(D*D')(-1)*B)-1)/r;
P3=d1*d*(exp(2*r-B'*(D*D')(-1)*B)-1)/r;
N1=z*exp(r)+(c-a1*b)*(exp(r)-1)/r;
N2=z*exp(r)+(c-a2*b)*(exp(r)-1)/r;
N3=z*exp(r)+(c-d1*b)*(exp(r)-1)/r;
x1=linspace(P1,1,1000);
x2=linspace(P2,1,1000);
x3=linspace(P3,1,1000);
y1=sqrt(M*(x1-P1))+N1;
y2=-sqrt(M*(x1-P1))+N1;
y3=sqrt(M*(x2-P2))+N2;
y4=-sqrt(M*(x2-P2))+N2;
y5=sqrt(M*(x3-P3))+N3;
y6=-sqrt(M*(x3-P3))+N3;
plot(x1,y1,'k--',x2,y3,'b-.',x3,y5,'r-');

legend('λ=3.5','λ=3.0','λ=2.5'), hold on,

plot(x1,y2,'k:',x2,y4,'b:',x3,y6,'r:');
hold on
xlabel('Var[X(T)]');
ylabel('EX(T)');
```

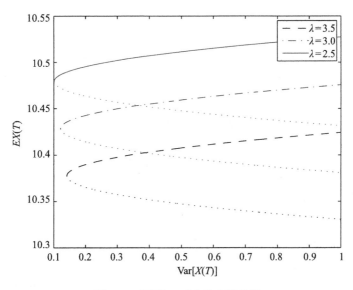

图 2.1   不同 λ 对应的有效前沿

例 2.2   利用上述结果, 选取不同的 μ_2, 画出关于有效前沿的图形, 见图 2.2, 以下是 MATLAB 的命令行.

```
r=0.04;
z=10;
a=3;
b=0.1;
B=[0.02;0.03;0.04];
D=[1,0,2/3;0,1,0;0,0,1];
M=exp(B'*(D*D')(-1)*B)-1;
c=0.32;
d1=0.025;
d2=0.020;
f=0.015;
N=z*exp(r)+(c-a*b)*(exp(r)-1)/r;
P1=a*d1*(exp(2*r-B'*(D*D')(-1)*B)-1)/r;
P2=a*d2*(exp(2*r-B'*(D*D')(-1)*B)-1)/r;
P3=a*f*(exp(2*r-B'*(D*D')(-1)*B)-1)/r;
x1=linspace(P1,1,1000);
x2=linspace(P2,1,1000);
x3=linspace(P3,1,1000);
y1=sqrt(M*(x1-P1))+N;
y2=-sqrt(M*(x1-P1))+N;
```

```
y3=sqrt(M*(x2-P2))+N;
y4=-sqrt(M*(x2-P2))+N;
y5=sqrt(M*(x3-P3))+N;
y6=-sqrt(M*(x3-P3))+N;
plot(x1,y1,'k--',x2,y3,'b-.',x3,y5,'r-');

legend('μ₂=0.025','μ₂=0.020','μ₂=0.015'),hold on,
plot(x1,y2,'k:',x2,y4,'b:',x3,y6,'r:');
hold on
xlabel('Var[X(T)]');
ylabel('EX(T)');
```

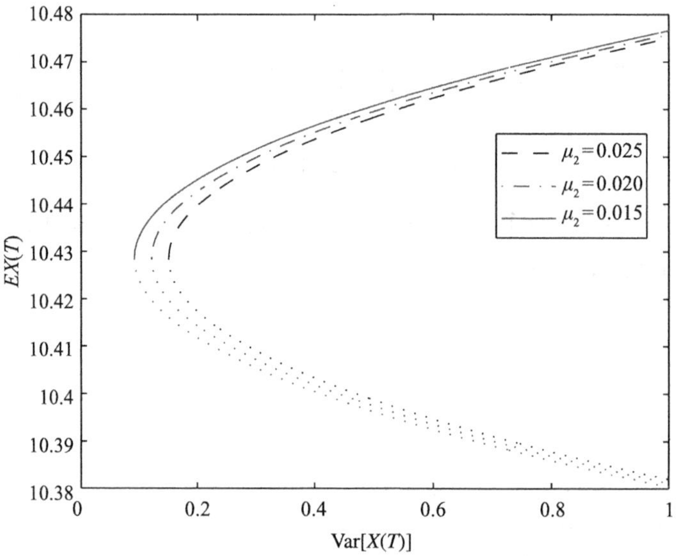

图 2.2   不同的 μ_2 对应的有效前沿

例 2.3   利用上述结果, 选取不同的 r, 画出关于有效前沿的图形, 见图 2.3, 以下是 MATLAB 的命令行.

```
a=3;
z=10;
c=0.32;
b=0.1;
d=0.02;
B=[0.02;0.03;0.04];
D=[1,0,2/3;0,1,0;0,0,1];
M=exp(B'*(D*D')(-1)*B)-1;
r1=0.05;
r2=0.04;
```

```
d1=0.03;
P1=a*d*(exp(2*r1-B'*(D*D')(-1)*B)-1)/r1;
P2=a*d*(exp(2*r2-B'*(D*D')(-1)*B)-1)/r2;
P3=a*d*(exp(2*d1-B'*(D*D')(-1)*B)-1)/d1;
N1=z*exp(r1)+(c-a*b)*(exp(r1)-1)/r1;
N2=z*exp(r2)+(c-a*b)*(exp(r2)-1)/r2;
N3=z*exp(d1)+(c-a*b)*(exp(d1)-1)/d1;
x1=linspace(P1,1,1000);
x2=linspace(P2,1,1000);
x3=linspace(P3,1,1000);
y1=sqrt(M*(x1-P1))+N1;
y2=-sqrt(M*(x1-P1))+N1;
y3=sqrt(M*(x2-P2))+N2;
y4=-sqrt(M*(x2-P2))+N2;
y5=sqrt(M*(x3-P3))+N3;
y6=-sqrt(M*(x3-P3))+N3;
plot(x1,y1,'k--',x2,y3,'b-.',x3,y5,'r-');
legend('r=0.05','r=0.04','r=0.03'),hold on,
plot(x1,y2,'k:',x2,y4,'b:',x3,y6,'r:');
hold on
xlabel('Var[X(T)]');
ylabel('EX(T)');
```

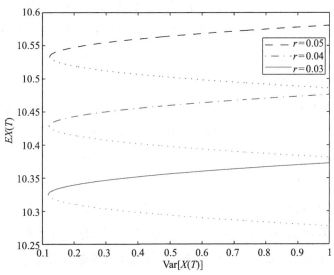

图 2.3　不同的 r 对应的有效前沿

第 3 章　均值-方差准则下的投资连结寿险合同对冲

本章考虑了在均值-方差最优准则下, 投资连结寿险合同的风险对冲问题. 重点考虑了一类重要的投资连结寿险合同, 即定期寿险合同. 假设保费在最初一次性收取, 且保险人可以将自己的资产投资到一个无风险资产 (债券) 以及一个风险资产 (股票) 中, 风险资产的价格由几何布朗运动来描述. 利用随机最优控制理论, 我们可以得到有效策略 (最优对冲策略) 和有效前沿.

在完全金融市场中, 存在一个唯一的关于标准概率测度的等价鞅测度, 在此等价鞅测度下, 风险资产的折现价格过程是一个鞅, 因此任意一个不定权益 (例如保险索赔) 的风险可以通过选择合适的投资策略完全对冲. 然而在不完全的金融市场中, 仅通过对风险资产和无风险资产的投资无法完全对冲掉不定权益的风险 (包括保险索赔对保险公司的风险), 因而会留给保险人一部分风险. 我们需要选择合适的投资策略以及投资准则, 使得该投资策略在选定的投资准则下是最优的. 最近几年研究此类问题的文献采用了不同的最优标准, 在 (局部) 风险最小准则下, Föllmer 和 Sondermann (1986), Schweizer (1991), Riesner (2006), Vandaele 和 Vanmaele (2008) 得到了风险最小对冲策略. 其中 Riesner (2006), Vandaele 和 Vanmaele (2008) 考虑了由 Lévy 过程驱动的不完全市场.

本章利用均值-方差投资组合选择理论, 选择最优的投资策略对冲投资连结寿险合同的风险. 均值-方差投资组合选择理论由 Markowitz (1952) 提出, 从那以后, 该理论成为衡量金融市场风险的一个重要理论, 参见文献 (Merton, 1972; Zhou and Li, 2000; Li 等, 2002) 等.

本章给出了描述金融市场不确定性的模型以及保险人的投资连结寿险合同模型, 投资连结寿险是一种被保险人的收益依赖于交易的股票价格的寿险合同. 利用随机最优控制理论, 得到了有效策略 (即最优投资策略或最优对冲策略) 以及有效前沿.

本章结构如下: 3.1 节给出了描述金融市场以及保险市场的模型; 3.2 节给出了均值-方差投资组合选择理论; 3.3 节首先考虑了一个辅助随机二次线性最优控制问题, 得到了相应的 Hamilton-Jacobi-Bellman (HJB) 方程的经典解以及相应的反馈控制; 3.4 节得到了有效策略 (最优对冲策略) 和有效前沿的确切表达式. 3.5 节总结了本章的主要内容.

3.1 模　　型

假设模型建立在概率空间 $(\Omega, \mathbb{F}, (\mathcal{F}_t)_{0 \leqslant t \leqslant T}, \mathbb{P})$ 上, $(\Omega, \mathbb{F}, (\mathcal{F}_t)_{0 \leqslant t \leqslant T}, \mathbb{P})$ 是两个独立的概率空间的乘积空间. 其中第一个概率空间 $(\Omega_1, \mathbb{G}, (\mathcal{G}_t)_{0 \leqslant t \leqslant T}, \mathbb{P}_1)$ 描述了金融市场, 第二个概率空间 $(\Omega_2, \mathbb{H}, (\mathcal{H}_t)_{0 \leqslant t \leqslant T}, \mathbb{P}_2)$ 用来描述保险合同. 假设终端时间是一个有限的正数 $T \in \mathbb{R}$ 且假设前面提到的概率空间均满足右连续及完备等一般假设.

假设金融市场中有两个可交易的资产: 一个是债券, 另一个是股票. 债券的价格过程如下

$$\begin{cases} dB(t) = r(t)B(t)dt, & t \in [0, T], \\ B(0) = 1, \end{cases} \tag{3.1}$$

其中 $r(t)(> 0)$ 为债券的利率. 股票的价格过程是如下的随机微分方程

$$\begin{cases} dS(t) = S(t)[b(t)dt + \sigma(t)dW(t)], & t \in [0, T], \\ S(0) = S_0, \end{cases} \tag{3.2}$$

其中 $b(t)(> r(t))$ 为漂移系数, $\sigma(t)$ 为扩散系数, 记 $a(t) = b(t) - r(t)$. $W(t)$ 是标准 $\{\mathcal{G}_t\}_{t \geqslant 0}$-适应布朗运动. 假设 $r(t)$, $b(t)$ 和 $\sigma(t)$ 是定义在 $[0, T]$ 上的确定的 Borel 可测的有界函数.

保险组合采用 Møller (1998) 给出的模型. 为简便起见, 假设在保险合同中, 被保险人的寿命是独立同分布的, 且所有被保险人的年龄均为 x, 记 l_x 为被保险人的个数. 用数学描述即被保险人的剩余寿命 $T_1, \cdots, T_{l_x}$ 是定义在概率空间 $(\Omega_2, \mathbb{H}, (\mathcal{H}_t)_{0 \leqslant t \leqslant T}, \mathbb{P}_2)$ 上的非负独立同分布的随机变量序列, 用 T_l 代表与它们同分布的随机变量. 假设 T_l 的分布是绝对连续的, 且危险率函数是 μ_{x+t}, 即生存函数为

$$_tp_x := \mathbb{P}_2(T_l > t) = \exp\left(-\int_0^t \mu_{x+\tau}d\tau\right).$$

下面定义过程 $N = (N_t)_{0<t<T}$ 用来记录保险合同中被保险人的死亡个数,

$$N_t := \sum_{l=1}^{l_x} \mathbf{1}(T_l \leqslant t),$$

其中 $\mathbf{1}$ 是示性函数. 记 $\mathbb{H} = \bigcup_{0\leqslant t\leqslant T} \mathcal{H}_t$ 是由 N 生成的自然过滤, 也就是说, $\mathcal{H}_t = \sigma\{N_u, u \leqslant t\}$. 由 N 的定义知, 记数过程 N 是 càdlàg(右连续且有左极限) 且 N 是一个 $\mathbb{H}$-马氏过程 (由于剩余寿命 $T_1, \cdots, T_{l_x}$ 是独立同分布的). 记数过程 N 的密度 Λ_t 有如下定义

$$E[dN_t \mid \mathcal{H}_{t-}] = (l_x - N_{t-})\mu_{x+t}dt := \Lambda_t dt,$$

即危险率函数 μ_{x+t} 与 t 时刻之前一瞬间的剩余人数的乘积. 记 $\lambda(t) := E[\Lambda_t] = E[(l_x - N_{t-})\mu_{x+t}] = l_x \cdot {}_tp_x \cdot \mu_{x+t}$.

下面考虑定期寿险合同 (term life insurance). 定期寿险合同是投资连结寿险合同中很重要的一类合同. 即保险赔付发生在被保险人死亡时, 且被保险人在到期时刻 T 之前死亡, 赔付额 $g(t, S_t)$ 依赖于死亡时间以及当时的股票价格, 赔付函数 $g(\cdot, \cdot)$ 在最初的保险合同中规定. 由该合同的定义知, 赔付可能发生在 $[0, T]$ 内的任意时刻.

记 $\xi(t), \eta(t)$ 分别为投资者 (保险人) 在 t 时刻投资在债券和股票上的价值, 且 $\xi(t) + \eta(t) = X(t)$, 其中 $X(t)$ 是投资者在 t 时刻的总资产. 如果在到期时刻之前保险人的资产变为负, 假设保险人可以以与债券相同的利率从银行借款, 同时, 这里允许卖空股票. 我们称 $\eta(t)$ 是一个可允许策略, 如果 $\eta(t)$ 是 $\mathcal{F}_t$-循序可测的且对所有 $t \geqslant 0$ 均满足 $E[\int_0^t \eta(s)^2 ds] < \infty$. 记所有可允许策略组成的集合为 Π. 因此, 考虑投资后最终的资产过程 $X(t)$ 为

$$\begin{cases} dX(t) = [r(t)X(t) + a(t)\eta(t)]dt + \eta(t)\sigma(t)dW(t) - d\sum_{l=1}^{N_t} g(T_l, S_{T_l}), \\ X(0) = X_0. \end{cases} \quad (3.3)$$

3.2   均值-方差投资组合选择理论

用 $X^\eta(T)$ 表示当投资策略为 $\eta(\cdot)$ 时对应的保险人的终端资产值. 均值-方差投资组合选择理论就是选择适当的投资策略 $\eta(\cdot) \in \Pi$, 使得终端财富的数学期望

$E[X^\eta(T)]$ 达到最大, 同时, 使得终端财富的方差 $\mathrm{Var}[X^\eta(T)]$ 达到最小. 这是一个有两个相矛盾的最优准则的多目标最优问题. 投资策略 $\eta^* \in \Pi$ 被称为均值-方差有效策略, 如果不存在策略 $\eta \in \Pi$, 使得

$$E[X^\eta(T)] \geqslant E[X^{\eta^*}(T)], \quad \mathrm{Var}[X^\eta(T)] \leqslant \mathrm{Var}[X^{\eta^*}(T)]$$

中至少有一个不等式严格成立. 此时, 称 $(\mathrm{Var}[X^{\eta^*}(T)], E[X^{\eta^*}(T)]) \in \mathbb{R}^2$ 为有效点, 所有有效点组成的集合称为有效前沿.

定义 3.1 均值-方差投资组合选择问题定义为如下的多目标最优问题

$$\begin{aligned} \mathrm{Min} \quad & (J_1(\eta(\cdot)), J_2(\eta(\cdot))) := (\mathrm{Var}[X^\eta(T)], -E[X^\eta(T)]), \\ \mathrm{s.t.} \quad & \begin{cases} \eta \in \Pi, \\ (X(\cdot), \eta(\cdot)) \quad \text{满足 (3.3)}. \end{cases} \end{aligned} \tag{3.4}$$

可允许策略 $\eta^*(\cdot)$ 称为有效策略, 如果不存在可允许策略 $\eta(\cdot)$ 使得

$$J_1(\eta(\cdot)) \leqslant J_1(\eta^*(\cdot)), \quad J_2(\eta(\cdot)) \leqslant J_2(\eta^*(\cdot))$$

至少有一个不等式严格成立, 此时, 称 $(J_1(\eta^*(\cdot)), -J_2(\eta^*(\cdot))) \in \mathbb{R}^2$ 为一个有效点, 所有有效点组成的集合称为有效前沿.

首先考虑如下的方差最小投资组合选择问题, 即先固定终端财富的期望, 使得 $E[X^\eta(T)] = k$, 其中 k 是常数, 再选择可允许策略使得衡量风险的终端财富的方差

$$\mathrm{Var}[X^\eta(T)] = E\{X^\eta(T) - E[X^\eta(T)]\}^2 = E\{[X^\eta(T) - k]^2\}$$

达到最小.

定义 3.2 上面描述的方差最小投资组合选择问题可以用数学语言描述为如下最优问题

$$\begin{aligned} \mathrm{Min} \quad & \mathrm{Var}[X^\eta(T)] = E\{[X^\eta(T) - k]^2\}, \\ \mathrm{s.t.} \quad & \begin{cases} E[X^\eta(T)] = k, \\ \eta \in \Pi, \\ (X(\cdot), \eta(\cdot)) \quad \text{满足 (3.3)}. \end{cases} \end{aligned} \tag{3.5}$$

该问题的最优策略 (对应于固定的 k) 称为方差最小策略, 集合 $(\mathrm{Var}[X^*(T)], k)$ 称为对应于 k 的方差最小前沿, 其中 $\mathrm{Var}[X^*(T)]$ 是问题 (3.5) 的最优值.

均值-方差问题的有效策略是这样的策略: 不存在另外的投资策略, 使得对应的终端财富达到比有效策略对应的终端财富更高的期望和更低的方差, 而且/或者更低的方差和更高的均值. 换句话说, 有效策略是 Pareto 最优的. 由定义 3.1 和定义 3.2 可知, 均值-方差问题的有效前沿是方差最小前沿的子集, 所以, 下面先考虑方差最小投资组合选择问题.

由于问题 (3.5) 是凸最优问题, 可以通过引进一个 Lagrange 乘子 $\beta \in \mathbb{R}$ 处理等式限制条件 $E[X^\eta(T)] = k$, 然后, 问题 (3.5) 可以通过下面的最优随机控制问题求解 (对任一固定的 β)

$$
\begin{aligned}
\text{Min} \quad & E\{[X^\eta(T) - k]^2 + 2\beta[EX^\eta(T) - k]\}, \\
\text{s.t.} \quad & \begin{cases} \eta \in \Pi, \\ (X(\cdot), \eta(\cdot)) \quad \text{满足 (3.3)}, \end{cases}
\end{aligned}
\tag{3.6}
$$

其中在目标函数中引入 β 前面的因子 2 是为了描述问题的方便, 问题 (3.6) 的最优控制策略等价于如下问题的最优控制策略

$$
\begin{aligned}
\text{Min} \quad & E\{[X^\eta(T) - (k - \beta)]^2\}, \\
\text{s.t.} \quad & \begin{cases} \eta \in \Pi, \\ (X(\cdot), \eta(\cdot)) \quad \text{满足 (3.3)}. \end{cases}
\end{aligned}
\tag{3.7}
$$

在下面中, 我们首先研究问题 (3.7).

3.3　辅助随机二次线性控制问题的解

3.2 节中的问题 (3.7) 是一个随机最优二次线性控制问题, 下面就将用 HJB 方程的方法解决这个问题. 首先求解一个辅助问题. 考虑如下的随机微分方程

$$
\begin{cases}
dx(t) = [r(t)x(t) + a(t)\eta(t) + c(t)]dt + \eta(t)\sigma(t)dW(t) - d\sum_{l=1}^{N_t} g(T_l, S_{T_l}), \\
x(0) = x_0,
\end{cases}
\tag{3.8}
$$

以及问题

$$
\begin{aligned}
\text{Min} \quad & E\left\{\frac{1}{2}[x(T)]^2\right\}, \\
\text{s.t.} \quad & \begin{cases} \eta \in \Pi, \\ (x(\cdot), \eta(\cdot)) \quad \text{满足 (3.8)}. \end{cases}
\end{aligned}
\tag{3.9}
$$

注意到如果令 $x(t) = X(t) - (k - \beta)$, $c(t) = (k - \beta)r(t)$ 以及 $X(0) = x(0) + (k - \beta)$, 可以从 (3.8) 得到 (3.3).

定义如下的最优值函数

$$J(t, x) = \inf_{\eta \in \Pi} E\left\{ \frac{1}{2}[x(T)]^2 \,\bigg|\, x(t) = x \right\}. \tag{3.10}$$

接下来将研究对应于问题 (3.8)—(3.10) 的 HJB 方程, 即如下的偏微分方程

$$\begin{cases} \inf_{\eta} \left\{ V_x(t, x)[r(t)x + a(t)\eta + c(t)] + \frac{1}{2}V_{xx}(t, x)\sigma^2(t)\eta^2 \right\} \\ \quad + V_t(t, x) + \lambda(t)E[V(t, x - g(t, S_t)) - V(t, x)] = 0, \\ V(T, x) = \frac{1}{2}x^2. \end{cases} \tag{3.11}$$

定理 3.1 HJB 方程 (3.11) 的古典解为

$$\begin{aligned} V(t, x) = &\frac{1}{2} \int_t^T \lambda(v)\mu_2(v)e^{\int_v^T \left[2r(s) - \frac{a^2(s)}{\sigma^2(s)}\right]ds}\,dv \\ &+ \frac{1}{2}e^{-\int_t^T \frac{a^2(s)}{\sigma^2(s)}ds}\left\{ xe^{\int_t^T r(s)ds} + \int_t^T [c(s) - \lambda(s)\mu_1(s)]e^{\int_s^T r(z)dz}ds \right\}^2, \end{aligned} \tag{3.12}$$

其中 $\mu_1(t) = E[g(t, S_t)]$ 且 $\mu_2(t) = E[g^2(t, S_t)]$. 使得 (3.11) 中第一个方程的左边达到最小的 $\eta^*(t, x)$ 为

$$\eta^*(t, x) = -\frac{a(t)}{\sigma^2(t)}\left\{ x + e^{-\int_t^T r(s)ds} \int_t^T [c(s) - \lambda(s)\mu_1(s)]e^{\int_s^T r(z)dz}ds \right\}.$$

证明 假设 (3.11) 有如下形式的解

$$V(t, x) = \frac{1}{2}P(t)x^2 + Q(t)x + R(t). \tag{3.13}$$

由 (3.11) 的边界条件可知 $P(T) = 1$, $Q(T) = 0$ 且 $R(T) = 0$. 把 (3.13) 形式的解代入 (3.11) 并整理得

$$\begin{aligned} \inf_{\eta} &\left\{ \frac{1}{2}\sigma^2(t)\eta^2 P(t) + a(t)\eta[P(t)x + Q(t)] \right\} + \left[\frac{1}{2}P_t(t) + P(t)r(t) \right]x^2 \\ &+ [Q_t(t) + Q(t)r(t) + P(t)c(t) - \lambda(t)\mu_1(t)P(t)]x + R_t(t) + Q(t)c(t) \\ &- \lambda(t)\mu_1(t)Q(t) + \frac{1}{2}\lambda(t)\mu_2(t)P(t) = 0, \end{aligned} \tag{3.14}$$

其中 $\mu_1(t) = E[g(t, S_t)]$ 且 $\mu_2(t) = E[g^2(t, S_t)]$.

使 (3.14) 左边达到最小的 $\eta(t, x)$ 为 $\eta^*(t, x) = -\dfrac{[P(t)x + Q(t)]a(t)}{P(t)\sigma^2(t)}$, 将 $\eta^*(t, x)$ 代入 (3.14) 得

$$\left[\frac{1}{2}P_t(t) + P(t)r(t)\right]x^2 + [Q_t(t) + Q(t)r(t) + P(t)c(t) - \lambda(t)\mu_1(t)P(t)]x + R_t(t)$$

$$+ Q(t)c(t) - \lambda(t)\mu_1(t)Q(t) + \frac{1}{2}\lambda(t)\mu_2(t)P(t) - \frac{[P(t)x + Q(t)]^2 a^2(t)}{2P(t)\sigma^2(t)} = 0.$$

分别比较 x^2, x 以及常数项的系数并加上边界条件, 可以得到如下的微分方程

$$\begin{cases} P_t(t) = [-2r(t) + a^2(t)/\sigma^2(t)]P(t), \\ P(T) = 1, \end{cases} \tag{3.15}$$

$$\begin{cases} Q_t(t) = [-r(t) + a^2(t)/\sigma^2(t)]Q(t) + [\lambda(t)\mu_1(t) - c(t)]P(t), \\ Q(T) = 0. \end{cases} \tag{3.16}$$

$$\begin{cases} R_t(t) = [\lambda(t)\mu_1(t) - c(t)]Q(t) - \dfrac{1}{2}\lambda(t)\mu_2(t)P(t) + \dfrac{1}{2} \cdot \dfrac{a^2(t)Q(t)^2}{\sigma^2(t)P(t)}, \\ R(T) = 0. \end{cases} \tag{3.17}$$

求解方程 (3.15)—(3.17), 把求得的解代入 (3.13) 并整理, 即可得到定理 3.1.

$\square$

下面给出验证定理.

定理 3.2 (验证定理)　假设 $V(t, x)$ 由定理 3.1定义, 那么 $V(t, x) = J(t, x)$, 另外, 最优策略 $\eta^*(v, x(v))$ 为

$$-\frac{a(v)}{\sigma^2(v)}\left\{x(v) + e^{-\int_v^T r(s)ds}\int_v^T [c(s) - \lambda(s)\mu_1(s)]e^{\int_s^T r(z)dz}ds\right\}. \tag{3.18}$$

证明　Bi 和 Guo (2008) 关于跳跃-扩散模型中 HJB 方程的古典解的验证定理的证明可以用于我们的模型. Bi 和 Guo (2008) 考虑了均值-方差准则下, 多风险资产模型中保险人的最优投资问题.

$\square$

3.4　有效策略 (最优对冲策略) 和有效前沿

本节把 3.3 节得到的结果应用到均值-方差最优问题上来.

现在, 我们给出问题 (3.6) 的最优值, 为了书写简便, 省略掉 $X^\eta(t)$ 的上标 η, 在 (3.8) 中令 $x(t) = X(t) - (k - \beta)$ (从而 $X(t) = x(t) + (k - \beta)$, $X(0) = x(0) + (k - \beta)$) 且 $c(t) = (k - \beta)r(t)$, 可以从 (3.8) 得到 (3.3), 同时可以得到

$$E\left\{\frac{1}{2}[x(T)]^2\right\} = E\left\{\frac{1}{2}[X(T) - (k - \beta)]^2\right\}$$
$$= E\left\{\frac{1}{2}[X(T) - k]^2\right\} + \beta[EX(T) - k] + \frac{1}{2}\beta^2.$$

因此, 对任一固定的 β, 可得

$$\min_{\eta \in \Pi} E\left\{\frac{1}{2}[X(T) - k]^2\right\} + \beta[EX(T) - k]$$
$$= \min_{\eta \in \Pi} E\left[\frac{1}{2}(x(T))^2\right] - \frac{1}{2}\beta^2 = V(0, x(0)) - \frac{1}{2}\beta^2.$$

将 $c(s) = (k - \beta)r(s)$ 代入 (3.18), 得问题 (3.6) 的最优投资策略为

$$\eta^*(t, X(t))$$
$$= -\frac{a(t)}{\sigma^2(t)}\left[x + (k - \beta)(1 - e^{-\int_t^T r(s)ds}) - \int_t^T \lambda(s)\mu_1(s)e^{-\int_t^s r(z)dz}ds\right]$$
$$= -\frac{a(t)}{\sigma^2(t)}\left[X(t) - (k - \beta)e^{-\int_t^T r(s)ds} - \int_t^T \lambda(s)\mu_1(s)e^{-\int_t^s r(z)dz}ds\right]. \qquad (3.19)$$

同时得到问题 (3.6) 的最优值为

$$\min_{\eta \in \Pi} E[X(T) - k]^2 + 2\beta[EX(T) - k]$$
$$= P(0)[X_0 - (k - \beta)]^2 + 2Q(0)[X_0 - (k - \beta)] + 2R(0) - \beta^2$$
$$= e^{-\int_0^T \frac{a^2(s)}{\sigma^2(s)}ds}\left[X_0 e^{\int_0^T r(s)ds} - \int_0^T \lambda(v)\mu_1(v)e^{\int_v^T r(s)ds}dv - k\right]^2$$
$$+ 2e^{-\int_0^T \frac{a^2(s)}{\sigma^2(s)}ds}\left[X_0 e^{\int_0^T r(s)ds} - \int_0^T \lambda(v)\mu_1(v)e^{\int_v^T r(s)ds}dv - k\right]\beta$$
$$+ \left[e^{-\int_0^T \frac{a^2(s)}{\sigma^2(s)}ds} - 1\right]\beta^2 + \int_0^T \lambda(v)\mu_2(v)e^{\int_v^T \left[2r(s) - \frac{a^2(s)}{\sigma^2(s)}\right]ds}dv. \qquad (3.20)$$

注意到上面的值仍然依赖于 Lagrange 乘子 β, 把它记作 $W(\beta)$, 由 Lagrange 对偶定理 (Luenberger, 1969), 为了得到最初的投资组合选择问题 (3.5) 的最优值 (即最小方差 $\text{Var}[X(T)]$) 和最优策略, 需要求出 (3.20) 的最大值以及使之达到最大值的 $\beta^* \in \mathbb{R}$.

由 (3.20) 可知, $W(\beta)$ 是关于 β 的凹函数, 所以 $W(\beta)$ 的最大值为

$$W(\beta^*) = \frac{\left[X_0 e^{\int_0^T r(s)ds} - \int_0^T \lambda(v)\mu_1(v)e^{\int_v^T r(s)ds}dv - k\right]^2}{e^{\int_0^T \frac{a^2(s)}{\sigma^2(s)}ds} - 1}$$
$$+ \int_0^T \lambda(v)\mu_2(v)e^{\int_v^T \left[2r(s)-\frac{a^2(s)}{\sigma^2(s)}\right]ds}dv,$$

使得 $W(\beta)$ 达到最大值的 β^* 为 $\beta^* = \dfrac{X_0 e^{\int_0^T r(s)ds} - \int_0^T \lambda(v)\mu_1(v)e^{\int_v^T r(s)ds}dv - k}{e^{\int_0^T \frac{a^2(s)}{\sigma^2(s)}ds} - 1}.$

总结上面的讨论可以得到如下定理.

定理 3.3　对应于终端财富的期望 $EX(T) = k$, 投资组合选择问题 (3.4) 的有效策略 (最优对冲策略) 是关于时间 t 和 t 时刻的财富 $X(t)$ 的函数, 即

$$\eta^*(t, X(t)) = -\frac{a(t)}{\sigma^2(t)}\left[X(t) - (k-\beta^*)e^{-\int_t^T r(s)ds} - \int_t^T \lambda(s)\mu_1(s)e^{-\int_t^s r(z)dz}ds\right],$$
$$(3.21)$$

其中

$$\beta^* = \frac{X_0 e^{\int_0^T r(s)ds} - \int_0^T \lambda(v)\mu_1(v)e^{\int_v^T r(s)ds}dv - k}{e^{\int_0^T \frac{a^2(s)}{\sigma^2(s)}ds} - 1}.$$

另外, 有效前沿为

$$\mathrm{Var}[X(T)] = \frac{\left[X_0 e^{\int_0^T r(s)ds} - \int_0^T \lambda(v)\mu_1(v)e^{\int_v^T r(s)ds}dv - EX(T)\right]^2}{e^{\int_0^T \frac{a^2(s)}{\sigma^2(s)}ds} - 1}$$
$$+ \int_0^T \lambda(v)\mu_2(v)e^{\int_v^T \left[2r(s)-\frac{a^2(s)}{\sigma^2(s)}\right]ds}dv. \qquad (3.22)$$

终端财富的期望 $EX(T)$ 满足

$$EX(T) \geqslant X_0 e^{\int_0^T r(s)ds} - \int_0^T \lambda(v)\mu_1(v)e^{\int_v^T r(s)ds}dv.$$

注解 3.1　如果策略 η_1 使得

$$EX^{\eta_1}(T) < X_0 e^{\int_0^T r(s)ds} - \int_0^T \lambda(v)\mu_1(v)e^{\int_v^T r(s)ds}dv,$$

那么由 (3.22) 可以构造出另外一个可允许策略 η_2 满足

$$\mathrm{Var}[X^{\eta_1}(T)] = \mathrm{Var}[X^{\eta_2}(T)]$$

且

$$EX^{\eta_2}(T) = 2\left[X_0 e^{\int_0^T r(s)ds} - \int_0^T \lambda(v)\mu_1(v) e^{\int_v^T r(s)ds} dv \right] - EX^{\eta_1}(T)$$
$$> X_0 e^{\int_0^T r(s)ds} - \int_0^T \lambda(v)\mu_1(v) e^{\int_v^T r(s)ds} dv > EX^{\eta_1}(T).$$

从而 η_2 是均值-方差的有效策略而非 η_1 是均值-方差的有效策略, η_1 只是方差最小有效策略.

下面给出一个数值例子以更好地展现我们的结论.

例 3.1 令 $r(t) \equiv r = 0.04$, $b(t) \equiv b = 0.06$, $a(t) = b(t) - r(t) = 0.02$, $\sigma(t) \equiv \sigma = 0.15$, $s_0 = 1$ 且 $X_0 = 2$. 为简便起见, 假设考虑的保险合同中仅包括一个投保人, 也就是说, 假设 $l_x = 1$. 假设被保险人的年龄为 $x = 45$ 且假设该定期寿险合同的年限为 $T = 5$(年), 我们采用与文献 (Møller, 1998) 中相同的危险率函数, 即 $\mu_{x+t} = 0.0005 + 0.000075858 \times 1.09144^{x+t}$. 考虑如下两种不同的保险合同.

(1) 假设在被保险人死亡时, 保险公司支付给其受益人的金额与当时的股票价格相等, 即合同规定的赔付函数为 $g(t, S_t) = S_t$, 那么 $\mu_1(t) = s_0 e^{bt}$ 且 $\mu_2(t) = s_0^2 e^{(2b+\sigma^2)t}$. 此时有效前沿为 $\mathrm{Var}[X(5)] = \dfrac{[EX(5) - 14.7471]^2}{e^{8.889} - 1} + 0.0058$.

(2) 假设被保险人死亡时保险公司支付给其受益人的金额是仅与其死亡时间有关的函数, $g(t, S_t) = s_0 e^{rt}$, 则有 $\mu_1(t) = s_0 e^{rt}$ 且 $\mu_2(t) = s_0^2 e^{2rt}$, 那么有效前沿为 $\mathrm{Var}[X(5)] = \dfrac{[EX(5) - 14.7487]^2}{e^{8.889} - 1} + 0.0044$.

把这两种情况的有效前沿在图形上表示出来, 见图 3.1 中的有效前沿. 由图 3.1 可以看出, 对于同样的 $\mathrm{Var}[X(T)]$, 例 3.1(2) 可以达到比例 3.1(1) 更高的 $EX(T)$. 也就是说, 对于同样的风险, 如果采用 (2) 中的赔付函数, 保险人可以得到比采用 (1) 中的赔付函数更高的收益. 相反地, 对于被保险人来说, 同样的风险, 如果采用 (1) 中的赔付函数, 保险人可以得到比采用 (2) 中的赔付函数更高的收益. 所以, 赔付函数为 (1) 的定期寿险合同对被保险人来说更有吸引力.

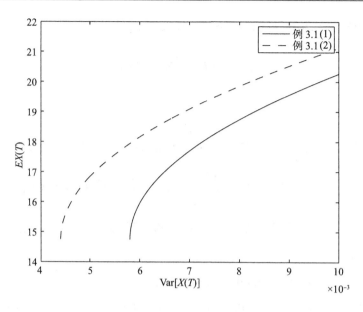

图 3.1　例 3.1 中的有效前沿

3.5　总　　结

本章研究了投资连结寿险合同的均值-方差对冲问题. 假设保险人可以将其资金投入金融市场中的一个无风险资产 (债券) 和一个风险资产 (股票) 中, 其中, 风险资产的价格由几何布朗运动来描述. 利用随机最优控制理论, 我们得到了有效策略 (最优对冲策略) 和有效前沿.

在本章的基础上, 仍有一些问题可以继续研究. 首先, 可以把均值-方差最优准则推广到其他的寿险合同中, 例如, 生存投资连结寿险合同 (the pure endowment unit-linked contract), 即如果被保险人在到期日 T 时刻时仍然活着, 被保险人将在 T 时刻被支付一定数量的赔付额. 其次, 本章中考虑的固定的危险率函数 μ_{x+t} 可以用随机的死亡过程来描述, 例如, 关于时间非齐次的 Cox-Ingersoll-Ross 模型, 然后情况将会变得相当复杂. 最后, 本章模型中的参数 (例如, 利率函数 $r(t)$, 以及股票过程的漂移率函数 $b(t)$ 和扩散系数函数 $\sigma(t)$) 均为确定的函数, 可以考虑将这些函数替换为一般的随机过程.

第 4 章　概率扭曲下保险公司的均值-半方差最优投资及再保险策略

在现代金融投资理论中, 风险理论是非常重要的一部分. 更好地控制风险, 提高收益是每一个保险公司的目标. 本章主要研究同时参与金融投资与再保险业务的保险公司的最优投资及最优再保险策略. 首先建立随机微分方程模型, 模拟保险公司在连续时间下的资产价值波动情况, 并定义概率扭曲函数, 将终端财富的下半方差作为风险的度量, 给出本章要解决的优化问题. 其次把主要问题分解为两个子问题, 通过解决子问题来讨论保险公司如何在均值-半方差的准则下制定最优投资及最优再保险策略. 本章分析了若干种情况下最优解的存在性, 并通过标准倒向随机微分方程法推导出解的一般形式, 最后通过数值分析技术分析了相应的结论.

4.1　引　言

Markowitz 的均值-方差投资组合选择理论成为目前主流风险评估的标准之一. 在他之后, 方差为风险度量尺度的方法在金融的理论研究中被广泛采用. 然而, 部分批判的意见指出, 在实际投资中, 投资者可能往往更关心均值以下的风险. 与此同时, 许多更加关注下行风险的理论被提出来, 这些理论的核心思想是仅将低于均值或某一个水平的部分算作风险. 均值-半方差是这些理论中一个较为成熟而且认知度较高的评估方法. Markowitz 亦认为均值-半方差方法相对于均值-方差方法而言, 更具有合理性.

随着保险公司被允许进入金融投资市场, 保险公司的最优投资与风险控制问题引起了越来越多的关注, 国内外的诸多专家学者就风险这个核心问题做了许多相关研究. Browne (1995) 在这方面做出了重要的贡献, 他将资产价格的变化过程通过一个随机微分方程来刻画, 其中风险由一个波动的布朗运动, 资产价格由一个几何布朗运动来近似. Browne (1995) 的研究发现了最大化资产期望效用的最优投资策略. 由于指数效用函数的性质, 最优投资策略与索赔过程无关. 这个结论似乎不太实际, 因此必须制定最优投资策略与索赔过程无关条件下的最优化标准. Hipp 和 Plum (2000) 在他们的工作中指出, 风险过程可以由经典的 Cramer-Lundberg 模型来刻画, 另外保险公司可以通过投资风险资产来减小破产的概率. 随后 Wang 等 (2007) 和 Gaier 等 (2003) 进行了一些基于不同最优化标准和风险模型的优化问题的研究.

随着保险行业的发展, 保险行业衍生出各种各样的新业务. 其中部分新业务 (如再保险) 成为保险公司控制风险的一种新选择. 目前, 有许多关于最优化再保险问题的金融与精算文献, 例如, 文献 (Schmidli, 2002; Bäuerle, 2005). 他们分别假设风险过程是一个复合泊松过程和有波动的布朗运动, 其中的各种业务以及再保险、新业务和投资等行为变量是动态变化的, 以此得到了最优再保险策略会随着最优化准则的变化而变化的结论.

在近现代, 关于连续时间投资策略的理论最早由 Pliska (1982, 1986) 提出, 他使用了风险中性的鞅方法来代替动态规划, 鞅方法将主要问题分解为两个子问题, 其中一个是运用凸优化理论, 用随机变量来表示最优的最终资产数量; 另一个则是寻找一条投资路径来达到此最终资产数量, 其本质是一个鞅表示问题. 虽然均值-方差意义下无约束的第一个子问题已经基本得以解决, 但目前没有人能成功解决连续时间下的第二个子问题.

Jin 等 (2005) 研究了连续时间下的均值-半方差问题. 他们的结论表明连续时间下均值-半方差不存在最优策略, 但可以以降低风险水平至一个固定值为代价来构造一个投资策略以维持最终资产的平均水平.

现代金融学中的投资组合选择理论很多是在期望效用理论的框架下进行研究的. 然而, 20 世纪 80 年代对金融市场的大量实证研究发现, 期望效用理论的一些基本假设是与实际相违背的. 因此出现了一系列新的理论试图解决与期望效用理论相关的一些悖论, 比如, 被称为行为金融学萌芽的 "对偶选择理论" (Yaari,1987). 效用函数理论是用效用函数对投资者的资产做扭曲, 而对偶选择理论的核心是用概率扭曲函数对概率分布尾函数做扭曲, 以描述投资者在做决策时可能会人为地放大 (或缩小) 小概率事件 (或大概率事件) 的行为. 其他关于概率扭曲方面的研究可参考 Lopes (1987) 的 SP/A 模型以及 Tversky 和 Kahneman (1992) 的前景理论. Zakamouline 和 Koekebakker (2009) 注意到, 在概率扭曲的条件下, 若投资者相比较收益而言对于损失更加敏感, 那么方差中超过均值的部分不该作为风险.

因为风险越小越好, 而超过均值的部分则是越大越好, 所以这一部分不该被作为风险来考虑. 因此, 变形后的风险度量, 比如, 半方差更适宜作为风险的考量标准, 即只把低于期望的那一部分作为度量风险考虑的对象.

Bi 等 (2013) 研究了加入扭曲概率函数的均值-半方差投资组合选择问题. 由于概率扭曲函数的加入, 动态规划以及凸对偶路径等方法不再适用, 因此他们采用了分位数函数的方法来克服这个困难. 他们指出了最优策略存在的可能性, 并给出了可行性条件以及最优化条件, 最后推导出了解的一般形式以及部分情况下问题的最优解.

本章加入概率扭曲函数来研究连续时间下均值-半方差问题. 在模型假设部分采用了针对保险公司的随机微分方程来刻画资产的变化情况, 在解决最优化目标方面应用了由 Pliska (1982, 1986) 提出并由 Bielecki 等 (2005) 发展的模型, 本章将主要问题分解成了两个子问题, 第一个是寻找满足约束条件且具有最小方差的随机变量来解得最终时刻的资产总量与有效前沿, 第二个是通过倒向随机微分方程求解能够达到第一个子问题的最优结果的投资及再保险策略与有效前沿.

本章的组织结构如下: 4.2 节主要建立了随机微分方程来刻画开展新业务 (再保险) 并进行金融投资的保险公司的资产变化情况, 随后以均值-半方差为准则建立了规划目标. 4.3 节主要进行了第一个子问题的分析: 概率扭曲函数作用下, 可行解以及最优解的存在条件, 列举若干常见的函数形式并进行求解. 4.4 节通过 4.3 节的结果, 采用倒向随机微分方程求解了投资及再保险策略和有效前沿. 4.5 节列举了数个实际例子来直观展示文章的结果. 4.6 节对本章进行了总结归纳.

4.2　加入概率扭曲函数的均值-半方差模型

4.2.1　经典模型简述

假设模型建立在完备概率空间 $(\Omega, \mathbb{F}, (\mathcal{F}_t)_{0 \leqslant t \leqslant T})$ 上.

$$W(t) := (W_1(t), W_2(t), \cdots, W_m(t))^{\mathrm{T}}$$

是 m 阶标准 $(\mathcal{F}_t)_{0 \leqslant t \leqslant T}$ 适应布朗运动, 其中 "T" 表示矩阵或向量的转置. $\mathcal{L}_{\mathcal{F}}^2(0, T;$ $\mathbb{R}^m)$ 是所有值域为 $\mathbb{R}^m$ 的可测 $(\mathcal{F}_t)_{0 \leqslant t \leqslant T}$, 且满足 $E \int_0^T |f(t)|^2 dt < +\infty$ 的适应随机过程 $f(\cdot) = \{f(t) : 0 \leqslant t \leqslant T\}$ 组成的集合. 并且 $\mathcal{L}_{\mathcal{F}_T}^2(\Omega; \mathbb{R}^m)$ 下所有值域

为 $\mathbb{R}^m$, $\mathcal{F}_T$ 可测的随机变量 X 集合满足 $E(|X|^2) < +\infty$. $T > 0$ 表示终端时刻.

保险公司的风险模型由下列随机微分方程来刻画

$$dR_1(t) = cdt - d\sum_{i=1}^{N(t)} Y_i, \quad t \in [0, T], \tag{4.1}$$

其中 c 表示固定的保费率, 即保险公司在每个单位时间内都可以获得 c 单位的保费. 当索赔发生时, 保险公司必须支付一定的索赔额. 假定该索赔额为一个随机变量, 由复合泊松过程 $\sum_{i=1}^{N(t)} Y_i$ 来表示时间段 $[0, t]$ 内发生的索赔额. 其中随机变量 Y_i 表示第 i 次索赔的金额, 随机变量族 $\{Y_i\}_{i \geqslant 1}$ 独立同分布. 为方便起见, 以下使用 Y 表示与 $\{Y_i\}_{i \geqslant 1}$ 具有相同分布的随机变量; $\{N(t)\}_{t \geqslant 0}$ 表示在时间段 $[0, t]$ 内发生的索赔次数, 这里 $\{N(t)\}_{t \geqslant 0}$ 是一个泊松过程, 强度为 $\lambda > 0$, 该过程的期望为 $E[N(t)] = \lambda t$. $\{Y_i\}_{i \geqslant 1}$ 与 $\{N(t)\}_{t \geqslant 0}$ 相互独立. Y 的一阶矩 $\mu_1 > 0$ 和二阶原点矩 $\mu_2 > 0$.

假设保费率 c 通过基本的期望收益准则求得

$$c = (1 + \eta)\frac{E[N(t)]E(Y)}{t} = (1 + \eta)\lambda\mu_1,$$

其中 $\eta > 0$ 表示保费的安全负荷系数. 在这个经典的风险模型下, 保险公司在时间段 $(t, t + dt]$ 内的期望利润为

$$E[dX_0(t)] = (c - \lambda\mu_1)dt = \eta\lambda\mu_1 dt,$$

其中 $X_0(t)$ 表示保险公司在时刻 t 的资产价值.

4.2.2　扩散形式的模型

在上述古典风险模型中, 索赔过程为一个离散的复合泊松过程, 该过程是一个典型的跳跃-扩散过程, 在这个模型下, 无法直接用均值-半方差的准则来求解最优投资策略以及再保险策略. 因此, 有必要使用一个连续时间下的随机微分方程来近似经典风险过程. 采用 Grandell (1991) 的结果, 本章使用扩散模型来近似古典风险模型, 通过具有漂移的布朗运动来刻画模型的波动. 该近似的理论基础是概率测度的弱收敛原则. 该扩散模型被广泛应用于保险公司优化问题的相关探索中, 例如

Bai 和 Zhang (2008) 等的工作. 本章将会采用如下的随机微分方程来近似经典的风险模型:

$$dR_2(t) = (1 + \eta)\lambda\mu_1 dt - \lambda\mu_1 dt + \sqrt{\lambda\mu_2}\, dW(t), \tag{4.2}$$

其中 $W(t)$ 是标准的布朗运动, 具体的近似推导过程可以参考文献 (Grandell, 1991).

保险公司的主要收入来自保单的费用. 随着保单费用的上升, 保险公司的收益会变大, 但同时, 面临的风险也会变大, 在发生索赔时, 也将承担更大的损失. 当面临着有巨大风险的保单时, 保险公司为了转移自身承担的风险可以采取多种措施, 再保险业务就是其中的一种. 再保险业务是指保险公司将部分其承担的保险业务转移给其他保险公司的行为, 承接该再保险业务的保险公司称为再保险公司. 随着部分保额由其他保险公司承担, 原保险公司可以降低其风险水平, 将这部分风险转移给再保险公司. 当面临大额保单, 保险公司无法很好地承担风险时, 通过再保险业务可以在牺牲一部分利益的情况下分散风险, 而再保险公司也同样地可以采用再保险业务转移自身的风险, 以此类推, 一笔大额保单可以通过这样的方式, 将巨大的风险分散到这样一条链上的所有保险公司中, 每个保险公司仅需要承担一部分相对较小的风险, 大额保单的危险性相对于单个的保险公司而言就小很多了. 再保险业务通常分为比例再保险与非比例再保险, 本章将针对最常用的比例再保险进行分析.

令 $q(t)$ 表示保险公司在时刻 t 的新业务保留比例 (特别指再保险业务). 这意味着当索赔额 Y 发生在时刻 t 时, 保险公司需要承担的索赔比例为 $q(t)$, 新业务公司 (特指再保险公司) 要承担 $(1 - q(t))Y$ 的赔偿额. 再保险公司的保费同样可以由期望值保费准则计算:

$$\begin{aligned}(1 - q(t))c_1 &= (1 - q(t))(1 + \theta_0)\frac{E[N(t)]E(Y)}{t} \\ &= (1 - q(t))(1 + \theta_0)\lambda\mu_1,\end{aligned}$$

其中 $\theta_0 > 0$ 表示再保险公司的安全负荷系数. 同样地, 可以算出再保险公司在时间段 $[t, t+dt]$ $X_2(t)$ 的期望收益为

$$\begin{aligned}E[X_2(t)] &= ((1 - q(t))c_1 - (1 - q(t))\lambda\mu_1)dt \\ &= [(1 - q(t))\theta_0\lambda\mu_1]dt,\end{aligned}$$

注意到对于第一家保险公司而言, $q(t) < 0$ 表示作为再保险业务时的承接比例, $q(t) > 1$ 表示该公司从其他公司承接了额外的保险业务 (即作为其他分保人的再保险人), $q(t) < 0$ 表示其他的新业务. 在实际中, $q(t) < 0$ 的意义并不大, 因此本章假定 $q(t) > 0$. 对于保险公司而言, 在考虑了再保险业务后, 其风险过程为如下的随机微分方程:

$$dR(t) = (1 + \eta)\lambda\mu_1 dt - (1 - q(t))(1 + \theta_0)\lambda\mu_1 dt - \lambda\mu_1 q(t)dt + \sqrt{\lambda\mu_2}q(t)dW(t)$$

$$= \lambda\mu_1[q(t)\theta_0 - \theta_0 + \eta]dt + \sqrt{\lambda\mu_2}q(t)dW(t). \tag{4.3}$$

目前保险公司也可以通过选择投资金融市场的证券等方法分散风险. 通常, 在考虑证券的时候, 会按比例投资风险证券与无风险证券来达到分散风险的目的. 假定目前金融市场存在一个无风险证券以及 m 个风险证券 (例如, 股票), 保险公司可以在任意时刻进行证券买卖, 且证券是可以无限分割的, 证券的交易费用不计算在内. 无风险资产的价格为

$$\begin{cases} dP_0(t) = r(t)P_0(t)dt, & t \in (0, T], \\ P_0(0) = p_0. \end{cases} \tag{4.4}$$

这里的收益率 $r(t)(> 0)$ 表示无风险证券的收益率, 满足 $\int_0^T |r(t)|dt < +\infty$. 另外 m 个风险资产的价格变化过程 $P_i(t)$ $(i = 1, 2, \cdots, m)$ 满足以下随机微分方程:

$$\begin{cases} dP_i(t) = P_i(t)\left[b_i(t)dt + \sum_{j=1}^m \sigma_{ij}(t)dW_j(t)\right], & t \in (0, T], \\ P_i(0) = p_i, & i = 1, 2, \cdots, m. \end{cases} \tag{4.5}$$

这里 $b_i(t)(> r(t))$ 表示增长率, $\sigma_{ij}(t)$ 表示波动率系数, 且满足

$$\int_0^T \left[\sum_{i=1}^m |b_i(t)| + \sum_{i=1}^m \sum_{j=1}^m \sigma_{ij}^2(t)\right] dt < +\infty.$$

本章假设 $r(t), \{b_i(t)\}_{1 \leqslant i \leqslant m}$ 以及 $\{\sigma_{ij}(t)\}_{1 \leqslant i,j \leqslant m}$ 都是确定的函数并且在 $[0, T]$ 上有界.

令 $\pi_i(t)$ $(i = 0, 1, \cdots, m)$ 表示保险公司在时刻 t 投资到资产 i 上的总钱数, 其中 $\pi_0(t)$ 表示时刻 t 投资到无风险资产上的资产数, 显然有 $\sum_{i=0}^m \pi_i(t) = X(t)$.

综上所述, 在保险公司采用了投资以及再保险业务以后, 其资产价值可以由以下随机微分方程来表示:

$$dX(t) = \frac{\pi_0}{P_0(t)}dP_0(t) + \sum_{i=1}^{m}\frac{\pi_i(t)}{P_i(t)}dP_i(t) + \lambda\mu_1[q(t)\theta_0 + \eta - \theta_0]dt + \sqrt{\lambda\mu_2}q(t)dW(t)$$

$$= \left[X(t) - \sum_{i=1}^{m}\pi_i(t)\right]r(t)dt + \sum_{i=1}^{m}\pi_i(t)\left[b_i(t)dt + \sum_{j=1}^{m}\sigma_{ij}(t)dW^j(t)\right]$$

$$+ \lambda\mu_1[q(t)\theta_0 + \eta - \theta_0]dt + \sqrt{\lambda\mu_2}q(t)dW(t)$$

$$= \left\{r(t)X(t) + \sum_{i=1}^{m}[b_i(t) - r(t)]\pi_i(t) + \lambda\mu_1\theta_0 q(t) + \lambda\mu_1(\eta - \theta_0)\right\}dt$$

$$+ \sum_{i=1}^{m}\sum_{j=1}^{m}\pi_i(t)\sigma_{ij}(t)dW^j(t) + \sqrt{\lambda\mu_2}q(t)dW(t), \tag{4.6}$$

从而 $X(t)$ 满足

$$\begin{cases} dX(t) = [r(t)X(t) + B(t)^{\mathrm{T}}a(t) + \lambda\mu_1(\eta - \theta_0)]dt + a(t)^{\mathrm{T}}\sigma(t)dW(t), \\ X(0) = X_0, \end{cases} \tag{4.7}$$

这里定义 $B(t) := (\lambda\mu_1\theta_0, b_1(t) - r(t), \cdots, b_m(t) - r(t))^{\mathrm{T}}$, 其中 $(b_1(t) - r(t), \cdots, b_m(t) - r(t))$ 是 m 个风险资产的超额收益过程. 记 $a(t) := (q(t), \pi_1(t), \cdots, \pi_m(t))$, 若 $a(t)$ 是一个 $\mathcal{F}_t$ 适应的可测过程且满足

$$E\left[\int_0^t q(s)^2 ds\right] < \infty \quad \text{与} \quad E\left[\int_0^t \pi_i(s)^2 ds\right] < \infty,$$

对于 $i = 1, 2, \cdots, m$ 和 $t \geqslant 0$ 都成立, 则称 $a(t)$ 为一个容许的策略, 记所有容许策略的集合为 $\mathbb{A}$. 波动系数矩阵为

$$\sigma(t) = \begin{pmatrix} \sqrt{\lambda\mu_2} & 0 & \cdots & 0 \\ 0 & \sigma_{11}(t) & \cdots & \sigma_{1m}(t) \\ 0 & \sigma_{21}(t) & \cdots & \sigma_{2m}(t) \\ \vdots & \vdots & & \vdots \\ 0 & \sigma_{m1}(t) & \cdots & \sigma_{mm}(t) \end{pmatrix}.$$

以下为一些基本假设.

假设 4.1 假设:

(a) 存在 $\delta > 0$ 满足 $\int_0^T |r(t)|dt \geqslant \delta$;

(b) $\mathrm{Rank}(\sigma(t)) = m + 1$, 其中 $t \in [0, T]$;

(c) 存在一个值域 $\mathbb{R}^{m+1}$ 为一致有界的, $\mathcal{F}_t$ 适应的可测过程 $\theta(\cdot)$ 满足 $\sigma(t)\theta(t) = B(t)$, 其中 $t \in (0, T]$;

(d) ρ 没有原点.

根据以上假设可以知道, 存在唯一一个风险中性的概率测度 Q, 其定义为 $\left.\dfrac{dQ}{dP}\right|_{\mathcal{F}_t} = \rho(t)$, 其中

$$\rho(t) = \exp\left\{ -\int_0^t \left[r(s) + \frac{1}{2}|\theta(s)|^2 \right] ds - \int_0^t \theta(s)^{\mathrm{T}} dW(s) \right\}$$

这里 $\rho(t)$ 为价格核函数, 记 $\rho := \rho(T)$, $F_\rho(\cdot)$ 为其分布函数, 其中 $0 < \rho < +\infty$ 几乎处处成立并且 $0 < E(\rho) < +\infty$. 另外, 当假设 (d) 成立时, $r(\cdot)$ 和 $\theta(\cdot)$ 都是确定的, 并且 $\int_0^T \theta^2(t)dt \neq 0$. 在该假设的条件下, ρ 是一个非退化的、服从对数正态分布的随机变量.

4.2.3 概率扭曲函数作用下的均值-半方差问题

不同于均值-方差准则, 基于均值-半方差准则的优化问题更加注重关于期望以下部分的风险. 若采用传统意义下的均值概念, 则无法在该最优化问题中找到最优解. 本章将应用概率扭曲函数, 通过一个扭曲函数作用在原来的概率测度上, 并以此为基础建立概率扭曲函数下的均值-半方差模型.

Jin 等 (2005) 和 Bi 等 (2013) 在研究中均对概率扭曲函数的概念作出了说明, 本章将沿用此概念. 这里定义 $w(\cdot) : [0, 1] \to [0, 1]$ 为本章中采用的概率扭曲函数, 该函数的内在含义是两种概率测度间的映射关系, 表示了原始概率测度的收缩膨胀程度. 本章假定 $w(\cdot)$ 在一般情况下都是非线性的 (特殊情况为恒等变换 $w(x) = x$), 该函数在 $(0, 1)$ 上严格单调递增, 并且连续、可微; 在两个端点上有 $w(0) = 0$, $w(1) = 1$. 这些假设的目的为使得变换以后的概率函数能够满足概率的有序性以及在端点处的意义合理性.

传统意义下的期望计算公式为

$$E(X) := \int_0^{+\infty} P(X \geqslant x)dx + \int_{-\infty}^0 [P(X \geqslant x) - 1]dx. \tag{4.8}$$

类似地, 可以定义概率扭曲函数下的期望, 以下用 $\widetilde{E}$ 表示扭曲期望

$$
\begin{aligned}
\widetilde{E}(X) &:= \int_0^{+\infty} w(P(X \geqslant x))dx + \int_{-\infty}^0 [w(P(X \geqslant x)) - 1]dx \\
&= \int_0^{+\infty} \int_x^{+\infty} d[-w(1 - F_X(y))]dx + \int_{-\infty}^0 \int_{-\infty}^x dw(1 - F_X(y))dx \\
&= \int_0^{+\infty} \int_0^y dx d[-w(1 - F_X(y))] + \int_{-\infty}^0 \int_y^0 dx dw(1 - F_X(y)) \\
&= \int_0^{+\infty} y d[-w(1 - F_X(y))] + \int_{-\infty}^0 (-y) dw(1 - F_X(y)) \\
&= \int_{-\infty}^{+\infty} y d[-w(1 - F_X(y))],
\end{aligned}
$$

这里 $\widetilde{E}$ 为 X 关于函数 w 的 Choquet 扭曲积分, 且有

$$
-\widetilde{E}[-(X - \widetilde{E}(X))_-^2] = -\int_{-\infty}^0 [w(P(-(X - \widetilde{E}(X))_-^2 \geqslant x)) - 1]dx,
$$

x_+, x_- 分别表示实数 x 的正部和负部. 存在一种特殊情况: 若 w 为恒等变换 $w(x) = x$, 那么此时概率扭曲函数退化为一般函数, $\widetilde{E}$ 退化为一般情况下的期望, X 的扭曲均值-半方差退化为一般的均值-半方差. 以下给出本章的优化目标:

$$
\begin{aligned}
\text{Min} \quad &-\widetilde{E}[-(x(T) - \widetilde{E}(x(T)))_-^2], \\
\text{s.t.} \quad &\begin{cases} \widetilde{E}[x(T)] = k, \\ (x(\cdot), \pi(\cdot)) \text{满足 (4.7)}, \\ \pi(\cdot) \text{是一个容许的策略}. \end{cases}
\end{aligned} \tag{4.9}
$$

假设 4.2 假设:

(e) 保险公司的终端财富 k 应满足 $kE(\rho) \geqslant x_0$.

对于任何作为投资者的保险公司而言, 其综合了金融市场和再保险业务的期望收益不应低于仅从事无风险证券投资经营的情况. 据此, 投资者所期望的最终资产 k 不应低于 $x_0/E(\rho)$, 后者表示从初始时刻开始, 保险公司将所有资产投资于无风险证券时的终端财富. 该假设是很有现实意义的, 一个理智的投资者不应允许自己的投资收益低于仅投资无风险证券的收益.

根据 Pliska (1982) 的观点, 该优化问题可以分解为两个子问题来进行求解. 第一个子问题是在所有容许的策略中找到一个可以达到的最优终端财富 X^*, 即

$$\text{Min} \quad -\widetilde{E}[-(X - \widetilde{E}(X))_-^2],$$

$$\text{s.t.} \quad \begin{cases} \widetilde{E}X = k, \\ E[\rho X] = x_0, \\ X \in \mathcal{L}^2_{\mathcal{F}_T}(\Omega; \mathbb{R}). \end{cases} \tag{4.10}$$

第二个子问题为: 若第一个子问题的最优终端财富 X^* 存在, 则找到一个对冲策略 $\pi(\cdot)$ 来对冲 X^*, 其中 $(x(\cdot), Z(\cdot))$ 满足

$$\begin{cases} dX(t) = [r(t)X(t) + B(t)^{\mathrm{T}}Z(t) + \lambda\mu_1(\eta - \theta_0)]dt + Z(t)^{\mathrm{T}}dW(t), \quad t \in [0, T], \\ X(T) = X_0. \end{cases}$$
$$\tag{4.11}$$

注解 4.1　若 $k = kE(\rho)$, 则问题 (4.10) 的最优解为 $X \equiv k$.

4.3　第一个子问题——求解最优终端资产

4.3.1　最优解形式

记 $Y = X - k$, 则有 $\widetilde{E}X - k = \widetilde{E}(X - k)$, 因此问题 (4.10) 可以化为

$$\text{Min} \quad -\widetilde{E}[-Y_-^2],$$

$$\text{s.t.} \quad \begin{cases} \widetilde{E}Y = 0, \\ E[\rho Y] = x_0 - kE(\rho) < 0, \\ Y \in \mathcal{L}^2_{\mathcal{F}_T}(\Omega; \mathbb{R}). \end{cases} \tag{4.12}$$

经过计算, 可以将目标函数转化为积分形式

$$\begin{aligned}
\widetilde{E}[-Y_-^2] &= \int_{-\infty}^0 [w(P(-Y_-^2 \geqslant x)) - 1]dx = \int_{-\infty}^0 [w(P(Y_-^2 \leqslant -x)) - 1]dx \\
&= \int_{-\infty}^0 [w(P(Y_- \leqslant \sqrt{-x})) - 1]dx = \int_{-\infty}^0 [w(P(Y \geqslant -\sqrt{-x})) - 1]dx \\
&= \int_{-\infty}^0 [w(P(Y \geqslant y)) - 1]d(-y^2) = \int_{-\infty}^0 \int_{-\infty}^y dw(1 - F_Y(x))d(-y^2) \\
&= -\int_{-\infty}^0 x^2 d[-w(1 - F_Y(x))].
\end{aligned}$$

因此问题 (4.12) 就可以化为

$$\text{Min} \quad \int_{-\infty}^0 x^2 d[-w(1 - F_Y(x))],$$

$$\text{s.t.} \begin{cases} \widetilde{E}Y = \displaystyle\int_{-\infty}^{+\infty} xd[-w(1-F_Y(x))] = 0, \\[2mm] E[\rho Y] = x_0 - kE(\rho) := y_0 < 0, \\[2mm] Y \in \mathcal{L}^2_{\mathcal{F}_T}(\Omega; \mathbb{R}). \end{cases} \tag{4.13}$$

以下 $\mathbb{G}$ 表示所有分布函数 $F(\cdot)$ 的反函数 $F^{-1}(\cdot)$ 组成的集合:

$$\mathbb{G} = \{G(\cdot) : [0,1] \to \mathbb{R}, G(0) = -\infty, G(0^+) > -\infty\},$$

这里 $\mathbb{G}$ 满足在 $[0,1]$ 上非减, 左连续, 且 $G(1) := G(1^-)$.

以下重要引理引自文献 (Jin et al., 2005).

引理 4.1 在假设 4.1 下, 有 $E[\rho F_Y^{-1}(1 - F_\rho(\rho))] \leqslant E[\rho Y]$, 其中 $F_Y(\cdot)$ 表示随机变量 Y 的分布函数. 此外, 若 $E[\rho F_Y^{-1}(1 - F_\rho(\rho))] < \infty$, 当且仅当 $Y = F_Y^{-1}(1 - F_\rho(\rho))$ 时等号成立.

该引理的经济学意义为: 对于保险公司而言, 可以用 $\overline{Y} := F_Y^{-1}(1 - F_\rho(\rho))$ 来代替随机投入 Y, 这两者具有相同的分布, 却没有增加额外的费用. 因此, 若一个保险公司的投资目标以及约束条件不变, 则根据对偶理论, 其最优解 Y^* 需要满足 $E(\rho Y^*) = E\left[\rho F_{Y^*}^{-1}(1 - F_\rho(\rho))\right]$. 因此, 有以下引理.

引理 4.2 若问题 (4.13) 存在一个分布函数为 $F_Y(\cdot)$ 的最优解 Y^*, 那么 $Y^* = F_Y^{-1}(1 - F_\rho(\rho))$.

证明 记 $\overline{Y} := F_Y^{-1}(1 - F_\rho(\rho))$, 那么 $\overline{Y}$ 与 Y^* 具有相同分布. 因此, 显然有 $\widetilde{E}(\overline{Y}) = \widetilde{E}(Y^*)$.

以下采用反证法.

假设 $Y^* = \overline{Y}$ 不成立, 则根据引理 4.1 应有: $y_1 := E(\rho\overline{Y}) < E(\rho Y^*) = y_0 < 0$. 定义 $Y_1 := \dfrac{y_0}{y_1}\overline{Y}$, 那么有 $E(\rho Y_1) = y_0$.

注意到 $\dfrac{y_0}{y_1} \in (0,1)$, 因此有

$$\widetilde{E}(Y_1) = \widetilde{E}\left(\frac{y_0}{y_1}\overline{Y}\right) = \int_{-\infty}^{+\infty} yd[-w(1 - F_{\frac{y_0}{y_1}\overline{Y}}(y))]$$

$$= \int_{-\infty}^{+\infty} \left(\frac{y_0}{y_1}x\right) d[-w(1 - F_{\overline{Y}}(x))] = \frac{y_0}{y_1}\widetilde{E}(\overline{X}) = 0$$

以及

$$-\widetilde{E}[-(Y_1)_-^2] = \int_{-\infty}^0 y^2 d[-w(1 - F_{\frac{y_0}{y_1}\overline{Y}}(y))]$$

$$= \left(\frac{y_0}{y_1}\right)^2 \int_{-\infty}^0 x^2 d[-w(1 - F_{\overline{Y}}(x))] < -\widetilde{E}[-(\overline{Y})_-^2].$$

因此, Y_1 对于问题 (4.13) 而言是可行的并且有 $-\widetilde{E}[-(Y_1)_-^2] < -\widetilde{E}[-(\overline{Y})_-^2] = -\widetilde{E}[-(Y^*)_-^2]$, 这与 Y^* 的最优性是矛盾的. $\qquad\square$

引理 4.2 告诉我们问题 (4.13) 的解具有 $G(Z_\rho)$ 的形式, 这里定义 $Z_\rho := 1 - F_\rho(\rho)$. 令 $z = F_Y(x)$, 有

$$\widetilde{E}(Y) = \int_0^1 G(z)w'(1-z)dz = E[G(Z_\rho)w'(1-Z_\rho)],$$

$$-\widetilde{E}[-Y_-^2] = E[G(Z_\rho)_-^2 w'(1-Z_\rho)]$$

$$= \int_0^1 G(z)_-^2 w'(1-z)dz = \int_0^{z_1} G(z)_-^2 w'(1-z)dz,$$

这里 $z_1 = \sup\{z : G(z) < 0\}$, 并且有预算约束

$$E[F_\rho^{-1}(1 - Z_\rho)G(Z_\rho)] = y_0.$$

综上所述, 扭曲均值-半方差问题可以通过如下的形式表示为分位数函数的形式

$$\text{Min}\quad E[G(Z_\rho)_-^2 w'(1-Z_\rho)],$$

$$\text{s.t.}\quad \begin{cases} E[G(Z_\rho)w'(1-Z_\rho)] = 0, \\ E[F_\rho^{-1}(1-Z_\rho)G(Z_\rho)] = y_0, \\ G(\cdot) \in \mathbb{G}, \end{cases}$$

化为扭曲概率的 Choquet 积分形式

$$\text{Min}\quad \int_0^{z_1} G(z)^2 w'(1-z)dz,$$

$$\text{s.t.}\quad \begin{cases} \int_0^1 G(z)w'(1-z)dz = 0, \\ \int_0^1 F_\rho^{-1}(1-z)G(z)dz = y_0, \\ G(\cdot) \in \mathbb{G}, z_1 = \sup\{z : G(z) < 0\}. \end{cases} \qquad (4.14)$$

4.3.2 可行性

由于应用了概率扭曲函数, 因此问题 (4.14) 的可行性不再是显然的. 定义 $M(z) := \dfrac{F_\rho^{-1}(1-z)}{w'(1-z)}$ 并且假设 $M(z)$ 在 $(0,1)$ 上连续可微.

注意到这里有

$$\int_0^1 M(z)d[-w(1-z)]$$
$$= \int_0^1 \frac{F_\rho^{-1}(1-z)}{w'(1-z)}d[-w(1-z)]$$
$$= \int_0^1 F_\rho^{-1}(1-z)dz.$$

令 $F_\rho^{-1}(1-z) = \rho^*$, 则有 $z = 1 - F_\rho(\rho^*)$, 由 $z \in (0,1)$ 知 ρ^* 的取值范围为 $(+\infty, -\infty)$, 因此有

$$\int_0^1 F_\rho^{-1}(1-z)dz$$
$$= \int_{+\infty}^{-\infty} \rho^* d(1 - F_\rho(\rho^*))$$
$$= E(\rho). \tag{4.15}$$

这就有了 $\int_0^1 M(z)d[-w(1-z)] = E(\rho)$, 这是一个非常重要的结论. 进一步定义

$$J(z,v) = \int_z^1 [v - M(z)]d(\overline{w}(z)), \quad z \in (0,1), \quad v > 0,$$

该函数在可行性与最优解部分起到了相当重要的作用.

定理 4.1 问题 (4.14) 具有可行解当且仅当存在 $z \in (0,1)$ 满足

$$J(z, E(\rho)) > 0.$$

证明 首先证明当存在 $z \in (0,1)$ 满足 $J(z, E(\rho)) > 0$ 时问题 (4.14) 具有可行解. 假设存在一个 $z \in (0,1)$ 满足 $\int_z^1 [M(x) - E(\rho)]d[-w(1-x)] < 0$. 令

$$G(y) = -\frac{y_0 \int_z^1 d[-w(1-x)]}{\int_z^1 [M(x) - E(\rho)]d[-w(1-x)]} \mathbf{1}_{0 \leqslant y \leqslant z}$$

$$+ \frac{y_0 \displaystyle\int_0^z d[-w(1-x)]}{\displaystyle\int_z^1 [M(x) - E(\rho)]d[-w(1-x)]} \mathbf{1}_{z < y \leqslant 1},$$

易验证 $G(\cdot)$ 满足问题 (4.14) 的两个约束条件. 因此 $G(\cdot)$ 是问题 (4.14) 的可行解.

以下证明当问题 (4.14) 具有可行解时 $z \in (0,1)$ 满足 $J(z, E(\rho)) > 0$. 假设对于任意 $z \in (0,1)$, 都有 $\displaystyle\int_z^1 [M(x) - E(\rho)]d[-w(1-x)] \geqslant 0$. 那么对于任意的分段函数 $G(\cdot) \in \mathbb{G}$, 即 $G(z) = a_0 + \displaystyle\sum_{i=1}^n a_i \mathbf{1}_{z > z_i}$, $a_i > 0, i = 1, 2, \cdots, n$, 其中 $0 < z_1 < \cdots < z_n < 1$ 都有

$$\int_0^1 G(z)[M(z) - E(\rho)]d[-w(1-z)] = a_0 \int_0^1 [M(z) - E(\rho)]d[-w(1-z)]$$
$$+ \sum_{i=1}^n a_i \int_{z_i}^1 [M(z) - E(\rho)]d[-w(1-z)]$$
$$\geqslant 0,$$

其中有 $\displaystyle\int_0^1 [M(z) - E(\rho)]d[-w(1-z)] = 0$ 以及 $\displaystyle\int_{z_i}^1 [M(z) - E(\rho)]d[-w(1-z)] \geqslant 0$.

因此, 通过对这样的 $G(\cdot)$ 进行取极限, 可以得到

$$\int_0^1 G(z)[M(z) - E(\rho)]d[-w(1-z)] \geqslant 0.$$

同时, 对任意满足 $\displaystyle\int_0^1 G(z)d[-w(1-z)] = 0$ 的 $G(\cdot) \in \mathbb{G}$ 都有

$$\int_0^1 G(z)M(z)d[-w(1-z)] \geqslant 0.$$

因此, 此时问题 (4.14) 不存在任何可行解. □

本节之后的内容, 将对任意 $z \in (0,1)$ 都满足 $J(z, E(\rho)) > 0$ 的解称为可行解, 定理 4.1 称为可行性条件. 根据推论可以看出, 可行性要求概率扭曲函数以及价格核函数 ρ 同时满足一定的要求.

4.3.3 最优性

问题 (4.14) 是关于 $G(\cdot)$ 的凸函数, 可以通过 Lagrange 乘子法移除 (4.14) 的约束. 定义 Lagrange 乘子: $\lambda > 0$, $\mu > 0$. 因为 (4.14) 的约束中的两个等式可以在

不改变模型的条件下被改写为不等式的形式. 事实上, 同样可以根据引理 4.2 来推断该方法是正确的. 以下, 记 $\tilde{\mu} = \dfrac{\lambda}{\mu} > 0$.

$$
\begin{aligned}
v(\mu, \tilde{\mu}) := \min_{G \in \mathbb{G}} U(G(\cdot)) &= \int_0^1 [G(z)_-]^2 w'(1-z)dz - 2\lambda \int_0^1 G(z)w'(1-z)dz \\
&\quad + 2\mu \int_0^1 G(z)F_\rho^{-1}(1-z)dz - 2\mu y_0 \\
&= \min_{G \in \mathbb{G}, z_1} \left\{ \int_0^{z_1} [G(z)]^2 w'(1-z)dz - 2\lambda \int_0^{z_1} G(z)w'(1-z)dz \right. \\
&\quad + 2\mu \int_0^{z_1} G(z)F_\rho^{-1}(1-z)dz - 2\lambda \int_{z_1}^1 G(z)w'(1-z)dz \\
&\quad \left. + 2\mu \int_{z_1}^1 G(z)F_\rho^{-1}(1-z)dz \right\} - 2\mu y_0 \\
&= \min_{G \in \mathbb{G}, z_1} \left\{ \int_0^{z_1} [G(z) - \mu(\tilde{\mu} - M(z))]^2 w'(1-z)dz \right. \\
&\quad - \int_0^{z_1} [\mu(\tilde{\mu} - M(z))]^2 w'(1-z)dz \\
&\quad \left. - 2\mu \int_{z_1}^1 G(z)[\tilde{\mu} - M(z)]w'(1-z)dz \right\} - 2\mu y_0,
\end{aligned}
\tag{4.16}
$$

这里 $z_1 = \sup\{z : G(z) < 0\}$.

根据 Bi 等 (2013) 的工作, 有以下重要引理.

引理 4.3 若给定的 $M(z)$ 满足可行性条件, 则问题 (4.14) 存在一个最优解当且仅当存在 $\tilde{\mu}^* > 0$ 满足

(1) 对于 $\forall \bar{z} \in (0,1)$ 有 $J(\bar{z}, \tilde{\mu}^*) \leqslant 0$;

(2) 存在 $\bar{z}^* \in (0,1)$ 满足 $J(\bar{z}^*, \tilde{\mu}^*) = 0$, 且若 $\tilde{\mu}^*$ 存在, 则是唯一的.

以下, 将引理 4.3 称为最优性条件. 若给定的 $M(\cdot), w(\cdot)$ 同时满足可行性以及最优性条件, 则存在一个最优解; 若仅满足最优性条件, 不满足可行性条件, 则在此条件下, 存在可以达到问题 (4.14) 中目标函数的最小值, 但不满足其约束条件.

引理 4.4 若 $M(\cdot)$ 满足最优性条件, 则存在 $\tilde{\mu}^*$ 和 $0 < \bar{z}_1 < \bar{z}_2 < \cdots < \bar{z}_n < 1$, 对 $\forall \bar{z} \in (0,1)$ 满足 $J(\bar{z}, \tilde{\mu}^*) \leqslant 0$ 以及 $J(\bar{z}_i, \tilde{\mu}^*) = 0, i = 1, \cdots, n$. 问题 (4.16) 的形式为 $G(z) = G(z)\mathbf{1}_{0 \leqslant z \leqslant \bar{z}_1} + \sum_{i=1}^n k_i \mathbf{1}_{\bar{z}_i < z \leqslant \bar{z}_{i+1}}$, 这里 $k_i \geqslant 0 \ (i = 1, \cdots, n)$ 是固定的并且有 $\bar{z}_{n+1} = 1$.

注解 4.2 根据引理 4.4 可知, 不采用概率扭曲函数的标准均值-半方差问题

不满足最优性条件. 若不采用概率扭曲函数, 则有 $w(z) = z$ 且 $M(z)$ 在 $(0,1)$ 上
递减. 注意到 $J(0, \tilde{\mu}) = \tilde{\mu} - E(\rho)$, $J(1, \tilde{\mu}) = 0$, $\frac{\partial J(z, \tilde{\mu})}{\partial z} = M(z) - \tilde{\mu}$, 并且 $J(z, \tilde{\mu})$
是分别关于 z 和 $\tilde{\mu}$ 连续的. 容易看出对于一个固定的 $\tilde{\mu} \geqslant E(\rho)$, $J(0, \tilde{\mu}) \geqslant 0$,
$J(z, \tilde{\mu})$ 在 $z \in (0, M^{-1}(\tilde{\mu}))$ 上单调递增, 在 $z \in (M^{-1}(\tilde{\mu}), 1)$ 上单调递减. 因此对
于所有 $z \in (0,1)$ 都有 $J(z, \tilde{\mu}) \geqslant 0$. 对于一个固定的 $\tilde{\mu} \in (0, E(\rho))$, $J(0, \tilde{\mu}) < 0$.
$J(z, \tilde{\mu})$ 在 $z \in (0, M^{-1}(\tilde{\mu}))$ 上单调递增, 在 $z \in (M^{-1}(\tilde{\mu}), 1)$ 上单调递减. 因此存
在某些 $\bar{z}$, 对所有 $z \in (\bar{z}, 1)$ 满足 $J(z, \tilde{\mu}) \geqslant 0$, 即存在 $z \in (0, \bar{z}) < 0$. 因此, 这违背
了最优解的存在性条件, 说明了标准均值-半方差问题不存在最优解.

4.3.4 $M(z)$ 的若干种情况

在具有了可行解与最优解的条件下, 本节中会给出几个 $M(\cdot)$ 的形式, 并进行
分析探索, 若显式解存在, 则给出其具体表达式. 注意到 $M(\cdot)$ 是由 ρ 的分布函数
的反函数以及 $w(\cdot)$ 的导函数 $w'(\cdot)$ 决定的, 根据分布函数的左连续和单调性以及
$w'(\cdot) > 0$ 的特性, 本节考虑了几种基本的 $M(\cdot)$ 形式.

情况 1 $M(z)$ 在 $(0,1)$ 上单调增加, $M(0) \leqslant M(1)$;

情况 2 $M(z)$ 在 $(0,1)$ 上单调减少, $M(0) \geqslant M(1)$.

定理 4.2 这两种情况下, 问题 (4.14) 都不存在最优解.

证明 以下仅证明情况 1, 情况 2 的证明过程是类似的.

若 $E(\rho) < M(0)$, 则对于 $J(\tilde{z}, E(\rho)) = \int_{\tilde{z}}^{1} [E(\rho) - M(z)] d(-w(1-x))$, 任意
$\tilde{z} \in [0,1]$ 都有 $J(\tilde{z}, E(\rho)) < 0$, 这违背了可行解条件, 因此不存在满足约束条件
的解.

若 $M(1) > E(\rho) > M(0)$, 则对于 $J(\tilde{z}, E(\rho))$, 有 $J(0, E(\rho)) = J(1, E(\rho)) = 0$.
由于 $M(\cdot)$ 的单调性, 反函数存在, 记为 $M^{-1}(\cdot)$, 同时基于 $M(\cdot)$ 的形式, 可知存
在唯一的 z^* 满足 $z^* = M^{-1}(E(\rho))$. 易知, 当 $z \in (0, z^*)$ 时, $E(\rho) - M(z) > 0$,
所以 $J(\tilde{z}, E(\rho))$ 随着 $\tilde{z}$ 增加而减少; 当 $z \in (z^*, 1)$ 时, $E(\rho) - M(z) < 0$, 所以
$J(\tilde{z}, E(\rho))$ 随着 $\tilde{z}$ 增加而增加. 因此, 对于任意的 $z \in (0,1)$ 都有 $J(\tilde{z}, E(\rho)) < 0$,
此时不满足可行性条件, 不存在可行解.

若 $M(1) \leqslant E(\rho)$, 则对于任何 $z \in (0,1)$ 都有 $J(\tilde{z}, E(\rho)) > 0$, 此时满足可行
性条件. 进一步考虑 $J(z, \tilde{\mu}) = \int_{z}^{1} [\tilde{\mu} - M(z)] d(-w(1-x))$. 此时

(a) 若 $\tilde{\mu} \leqslant M(1)$, 因为 $\int_0^1 M(z)d[-w(1-z)] = E(\rho)$, 那么 $J(0, \tilde{\mu}) = \tilde{\mu} - E(\rho) \leqslant M(1) - E(\rho) \leqslant 0$, $J(1, \tilde{\mu}) = 0$. 对 $J(z, \tilde{\mu})$ 关于 z 求偏导, 可以得到

$$\frac{\partial J(z, \tilde{\mu})}{\partial z} = [M(z) - \tilde{u}]w'(1-z), \tag{4.17}$$

其中 $w'(z) > 0$ 对于任意 $z \in (0, 1)$ 均成立, 因此有

$$\frac{\partial J(z, \tilde{\mu})}{\partial z} = \begin{cases} [M(z) - \tilde{u}]w'(1-z) < 0, & 0 < z < M^{-1}(\tilde{\mu}), \\ [M(z) - \tilde{u}]w'(1-z) > 0, & M^{-1}(\tilde{\mu}) < z < 1. \end{cases}$$

故 $J(z, \tilde{\mu})$ 在 $z \in (0, M^{-1}(\tilde{\mu}))$ 上单调递减, 在 $z \in (M^{-1}(\tilde{\mu}), 1)$ 上单调递增. 从而对任意 $z \in (0, 1)$ 都有 $J(z, \tilde{\mu}) < 0$, 故不存在可行解.

(b) 若 $\tilde{\mu} > M(1)$, 则 $\tilde{\mu} - M(1) > 0$, 因此对 $z \in (0, 1)$ 都有 $J(z, \tilde{\mu}) > 0$. 故不存在 $z \in (0, 1)$ 满足 $J(z, \tilde{\mu}) = 0$, 这违背了最优解条件.

综上所述, 情况 1 不存在最优解. □

以上的两种情况都不存在最优解. 在这两种 $M(z)$ 的形式下, 本节进一步探究了以下四种情况.

情况 3 存在 $z_0 \in [0, 1]$, 满足 $M(z)$ 在 $(0, z_0)$ 上严格递增, 在 $(z_0, 1)$ 上严格递减并且 $M(0) < M(1)$.

情况 4 存在 $z_0 \in [0, 1]$, 满足 $M(z)$ 在 $(0, z_0)$ 上严格递增, 在 $(z_0, 1)$ 上严格递减并且 $M(0) \geqslant M(1)$.

情况 5 存在 $z_0 \in [0, 1]$, 满足 $M(z)$ 在 $(0, z_0)$ 上严格递减, 在 $(z_0, 1)$ 上严格递增并且 $M(0) \geqslant M(1)$.

情况 6 存在 $z_0 \in [0, 1]$, 满足 $M(z)$ 在 $(0, z_0)$ 上严格递减, 在 $(z_0, 1)$ 上严格递增并且 $M(0) < M(1)$.

命题 4.1 对于满足 $M(1) > E(\rho)$ 的情况 3 以及满足 $M(0) < E(\rho)$ 的情况 4, 问题 (4.14) 不存在可行解, 除非 $\frac{x_0}{k} = E(\rho)$. 若 $\frac{x_0}{k} = E(\rho)$, 问题 (4.14) 的唯一解为 $G(\cdot) \equiv k$. 其他情况下问题 (4.14) 不存在可行解.

证明 这里仅证明 $M(\cdot)$ 满足 $M(1) > E(\rho)$ 的情况 3, 另外情况的证明过程是类似的. 定义 $g(\tilde{z}) = \int_{\tilde{z}}^1 [M(z) - E(\rho)]d[-w(1-z)] = -J(\tilde{z}, E(\rho))$, 则 $g(0) = g(1) = 0$. 根据 $M(z)$ 的形式以及 $M(0) < E(\rho) < M(1)$ 可知, $g(\tilde{z})$ 在

$(0, M^{-1}(E(\rho)))$ 上递增, 在 $(M^{-1}(E(\rho)), 1)$ 上递减. 因此, 对于任意 $\tilde{z} \in [0, 1]$ 都有 $g(\tilde{z}) \geqslant 0$. 根据可行解条件可知, 此时问题 (4.14) 不存在可行解.   □

在探讨情况 3 和情况 4 前, 先探讨一个辅助最优化问题

$$\min_{G \in \mathbb{G}} \int_0^1 w'(1-z)[G(z) - \mu(\tilde{\mu} - M(z))]^2 dz. \tag{4.18}$$

引理 4.5   (i) 对于满足情况 3, 且 $E(\rho) \geqslant M(1)$ 的 $M(z)$, 问题 (4.18) 的最优解为 $G^*(z) = \mu(\tilde{\mu} - M(z_2^*))\mathbf{1}_{0 \leqslant z \leqslant z_2^*} + \mu(\tilde{\mu} - M(z))\mathbf{1}_{z_2^* < z \leqslant 1}$, 其中 $z_2^* \in [z_0, 1]$ 由下式决定

$$\int_0^{z_2^*} [M(z_2^*) - M(x)]d[-w(1-x)] = 0. \tag{4.19}$$

(ii) 对于满足情况 4 的 $M(z)$, 问题 (4.18) 的最优解为

$$G^*(z) = \mu(\tilde{\mu} - M(z_2^*))\mathbf{1}_{0 \leqslant z \leqslant z_2^*} + \mu(\tilde{\mu} - M(z))\mathbf{1}_{z_2^* < z \leqslant 1},$$

其中 $z_2^* \in [z_0, \tilde{z}_0]$ 是由式 (4.19) 决定的.

定理 4.3   对于满足 $E(\rho) \geqslant M(1)$ 的情况 3 和情况 4, 问题 (4.14) 的最小值为

$$\frac{y_0^2}{\int_0^1 [M(1) - M(z)]^2 w'(1-z)dz - \int_0^{z_2^*} [M(z_2^*) - M(z)]^2 w'(1-z)dz}, \tag{4.20}$$

其中 z_2^* 由式 (4.19) 所决定. 但这两种情况下该最小值无法取到, 即此时问题 (4.14) 不存在最优解.

满足 $E(\rho) \geqslant M(1)$ 的情况 3 中, $z_2^* \in [z_0, 1]$; 情况 4 中, $z_2^* \in [z_0, \tilde{z}_0]$, 这里 $\tilde{z}_0 \in [z_0, 1]$ 满足 $M(\tilde{z}_0) = M(0)$.

证明   本节仅探究满足情况 3, 且 $E(\rho) \geqslant M(1)$ 的 $M(z)$, 情况 4 的证明是类似的. 先证明这种形式的 $M(z)$ 不满足可行性条件.

若 $\tilde{\mu} > M(1)$, 则存在 $z^* \in (0, 1)$ 使得 $J(z^*, \tilde{\mu}) > 0$. 若 $\tilde{\mu} \in (0, M(1)]$, 容易看出对于所有 $z \in (0, 1)$ 都有 $J(z, \tilde{\mu}) < 0$. 因此问题 (4.14) 不满足可行性条件.

以下考虑问题 (4.14) 的最小值. 若 $\tilde{\mu} > M(1)$, 记 $z_1 = z^*$ 并且令 $G(z) \to \infty$, $z > z_1$, 则有

$$v(\mu, \tilde{\mu}) \to -\infty.$$

若 $\tilde{\mu} \in (0, M(1)]$, 易知 $z_1 = 1$ 并且问题 (4.16) 将与问题 (4.18) 的最优解一致. 根据引理 4.5, 可知

$$v(\mu, \tilde{\mu}) = \int_0^{z_2^*} [\mu(M(z_2^*) - M(z))]^2 w'(1-z) dz$$
$$- \int_0^1 [\mu(\tilde{\mu} - M(z))]^2 w'(1-z) dz - 2\mu y_0,$$

问题 (4.16) 的最优解为

$$G^*(z) = \mu(\tilde{\mu} - M(z_2^*)) \mathbf{1}_{0 \leqslant z \leqslant z_2^*} + \mu(\tilde{\mu} - M(z)) \mathbf{1}_{z_2^* < z \leqslant 1},$$

这里 $z_2^* \in [z_0, 1]$ 由 (4.19) 所决定.

为了计算问题 (4.14) 的最小值, 需要考虑问题

$$\mathop{\mathrm{Max}}_{\mu > 0} \mathop{\mathrm{Max}}_{\tilde{\mu} > 0} v(\mu, \tilde{\mu}).$$

基于 $v(\mu, \tilde{\mu})$ 表达式的形式, 通过直接计算可以得到 $\mathop{\max}_{\tilde{\mu} > 0} v(\mu, \tilde{\mu})$ 在 $\tilde{\mu}^* = M(1)$ 处达到最大值

$$\int_0^{z_2^*} [\mu(M(z_2^*) - M(z))]^2 w'(1-z) dz - \int_0^1 [\mu(M(1) - M(z))]^2 w'(1-z) dz - 2\mu y_0,$$

进一步有

$$\mathop{\max}_{\mu > 0} \int_0^{z_2^*} [\mu(M(z_2^*) - M(z))]^2 w'(1-z) dz - \int_0^1 [\mu(M(1) - M(z))]^2 w'(1-z) dz - 2\mu y_0$$

会在 μ^* 处取得其最大值

$$\frac{y_0^2}{\int_0^1 [M(1) - M(z)]^2 w'(1-z) dz - \int_0^{z_2^*} [M(z_2^*) - M(z)]^2 w'(1-z) dz},$$

其中 μ^* 的取值为

$$\mu^* = \frac{y_0}{\int_0^{z_2^*} [M(z_2^*) - M(z)]^2 w'(1-z) dz - \int_0^1 [M(1) - M(z)]^2 w'(1-z) dz}.$$

由于 μ^* 的分母

$$\int_0^{z_2^*} [M(z_2^*) - M(z)]^2 w'(1-z) dz - \int_0^1 [M(1) - M(z)]^2 w'(1-z) dz < 0,$$

并且 $y_0 < 0$, 因此 $\mu^* > 0$. 此时 $G^*(z) = \mu^*[\tilde{\mu}^* - M(z_2^*)]\mathbf{1}_{0 \leqslant z \leqslant z_2^*} + \mu^*[\tilde{\mu}^* - M(z)]\mathbf{1}_{z_2^* < z \leqslant 1}$ 不是问题 (4.14) 的可行解. □

在推导情况 5 和情况 6 之前, 先引用以下引理.

引理 4.6　(i) 在情况 5 中, 对于 $\forall z \in (0,1)$, 存在唯一的 $\tilde{\mu}^* \in [M(z_0), \min\{E(\rho), M(1)\}]$ 满足 $J(z, \tilde{\mu}^*) \leqslant 0$, 并且存在唯一的 $z_{\tilde{\mu}^*} := \inf\{z \in (\bar{z}_0, z_0] : M(z) \leqslant \tilde{\mu}\}$ 满足 $J(z_{\tilde{\mu}^*}, \tilde{\mu}^*) = 0$, 这里 $\bar{z}_0 \in (0, z_0)$ 满足 $M(\bar{z}_0) = M(1)$.

(ii) 在满足 $E(\rho) \leqslant M(0)$ 的情况 6 中, 对于 $\forall z \in (0,1)$, 存在唯一的 $\tilde{\mu}^* \in [M(z_0), E(\rho)]$ 满足 $J(z, \tilde{\mu}^*) \leqslant 0$, 并且存在唯一的 $z_{\tilde{\mu}^*} \in (0, z_0)$ 满足 $J(z_{\tilde{\mu}^*}, \tilde{\mu}^*) = 0$.

定理 4.4　在情况 5 以及满足 $E(\rho) \leqslant M(0)$ 的情况 6 中, 问题 (4.14) 存在最优解

$$G^*(z) = \mu^*(\tilde{\mu}^* - M(z))\mathbf{1}_{0 \leqslant z \leqslant z^*} + b^* \mathbf{1}_{z^* < z \leqslant 1},$$

这里

$$\tilde{\mu}^* = M(z^*), \quad \mu^* = \frac{-y_0}{\displaystyle\int_0^{z^*} [M(z^*) - M(z)]^2 w'(1-z)dz} > 0,$$

$$b^* = \frac{-y_0}{\displaystyle\int_0^{z_2^*} [M(z^*) - M(z)]^2 w'(1-z)dz} \cdot \frac{E(\rho) - M(z^*)}{\displaystyle\int_{z^*}^1 w'(1-z)dz}, \tag{4.21}$$

其中 z^* 由下式决定

$$\int_{z^*}^1 [M(z^*) - M(x)]d[-w(1-x)] = 0. \tag{4.22}$$

证明　容易看出式 (4.22) 存在唯一解 $z^* \in (0, z_0]$. 通过引理 4.6 中定义的 $z_{\tilde{\mu}^*}$ 可知 $z_{\tilde{\mu}^*} \in (0, z_0]$ 满足 $M(z_{\tilde{\mu}^*}) = \tilde{\mu}^*$ 以及 $\displaystyle\int_{z_{\tilde{\mu}^*}}^1 [\tilde{\mu}^* - M(x)]d[-w(1-x)] = 0$, 因此有

$$0 = \int_{z_{\tilde{\mu}^*}}^1 \{[\tilde{\mu}^* - M(x)] - [\tilde{\mu}^* - M(z_{\tilde{\mu}^*})]\}d[-w(1-x)]$$

$$= \int_{z_{\tilde{\mu}^*}}^1 [M(z_{\tilde{\mu}^*}) - M(x)]d[-w(1-x)].$$

因为 $z_{\tilde{\mu}^*} \in (0, z_0]$ 和 $z^* \in (0, z_0]$ 都是唯一的, 所以可以得到 $z_{\tilde{\mu}^*} = z^*$ 以及 $\tilde{\mu}^* = M(z^*)$.

现在可以推导问题 (4.14) 的最优解. 根据定理 4.4 可知问题 (4.16) 必须满足 $G(z) \equiv b$, $z \in (z^*, 1]$, 其中系数 b 待定. 另一方面,

$$\int_0^{z^*} [G(z)_-^2 - 2\mu(\tilde{\mu}^* - M(z))G(z)]w'(1-z)dz$$

$$= \int_0^{z^*} [G(z)_-^2 + 2\mu(\tilde{\mu}^* - M(z))G(z)_-]w'(1-z)dz$$

$$- \int_0^{z^*} 2\mu(\tilde{\mu}^* - M(z))G(z)_+w'(1-z)dz.$$

因为 $\tilde{\mu}^* - M(z) < 0$, $z \in (0, z^*)$ 并且 $\tilde{\mu}^* - M(z)$ 在 $z \in (0, z^*)$ 上递增, 则问题 (4.16) 的最优解必须满足 $G(z)_+ = 0$ 以及在 $z \in (0, z^*)$ 上 $G(z)_- = -\mu(\tilde{\mu}^* - M(z))$, 即 $z_1 = z^*$, 问题 (4.16) 的最优解为 $G^*(z) = \mu(\tilde{\mu}^* - M(z))\mathbf{1}_{0 \leqslant z \leqslant z^*} + b\mathbf{1}_{z^* < z \leqslant 1}$, $b > 0$.

将 $G^*(z) = \mu^*[M(z^*) - M(z)]\mathbf{1}_{0 \leqslant z \leqslant z^*} + b\mathbf{1}_{z^* < z \leqslant 1}$ 代入问题 (4.14) 的两个约束条件中可以得到

$$\mu^* = \frac{-y_0}{\int_0^{z^*} [M(z^*) - M(z)]^2 w'(1-z)dz} > 0, \tag{4.23}$$

$$b = \frac{-y_0}{\int_0^{z^*} [M(z^*) - M(z)]^2 w'(1-z)dz} \cdot \frac{E(\rho) - M(z^*)}{\int_{z^*}^1 w'(1-z)dz} \tag{4.24}$$

以及

$$\lambda^* = \mu^* \tilde{\mu}^* = \frac{-y_0 M(z^*)}{\int_0^{z^*} [M(z^*) - M(z)]^2 w'(1-z)dz} > 0. \tag{4.25}$$

$\square$

根据定理 4.4 可以得到问题 (4.14) 在情况 5 以及满足 $E(\rho) \leqslant M(0)$ 的情况 6 下的最优解的显式表达式. 问题 (4.14) 的最优值为

$$\int_0^{z^*} G(z)^2 w'(1-z)dz = \frac{y_0^2}{\int_0^{z^*} [M(z^*) - M(z)]^2 w'(1-z)dz}.$$

4.4 第二个子问题——通过倒向随机微分方程求解投资与再保险过程

根据 4.3 节的推导, 本节所述的若干种情况中只有情况 5 以及满足 $E(\rho) \leqslant M(0)$ 的情况 6 存在显式最优解. 以下对于该最优解求解有效前沿并复制其投资路径.

4.4.1 有效前沿

对于情况 5 以及满足 $E(\rho) \leqslant M(0)$ 的情况 6, 问题 (4.10) 的扭曲均值-半方差的有效前沿为

$$-\widetilde{E}\big[-(X - \widetilde{E}(X))_-^2\big]$$
$$= -\widetilde{E}\big[-Y_-^2\big]$$
$$= E\big[G^*(Z)_-^2 w'(1-Z)\big]$$
$$= \frac{y_0^2}{\displaystyle\int_0^{z^*} [M(z^*) - M(z)]^2 w'(1-z)dz}.$$

问题 (4.14) 的最优解为

$$G^*(z) = \left[\lambda^* - \mu^* \frac{F_\rho^{-1}(1-z)}{w'(1-z)}\right]\mathbf{1}_{0 \leqslant z \leqslant z^*} + b\mathbf{1}_{z^* < z \leqslant 1}.$$

问题 (4.12) 的最优解为

$$Y^* = G^*(1 - F_\rho(\rho)) = \left[\lambda^* - \mu^* \frac{F_\rho^{-1}(1-z)}{w'(1-z)}\right]\mathbf{1}_{1-F_\rho(\rho) \leqslant z^*} + b\mathbf{1}_{z^* < 1-F_\rho(\rho)},$$

这里 $z^* \in [\bar{z}_0, z_0]$ 由式 (4.22) 所决定, λ^*, μ^* 由式 (4.25) 以及式 (4.23) 给出. 因此, 最优终端财富为

$$X^* = Y^* + k = k + b\mathbf{1}_{\rho < F_\rho^{-1}(1-z^*)} + \left[\lambda^* - \mu^* \frac{\rho}{w'(F_\rho(\rho))}\right]\mathbf{1}_{\rho \geqslant F_\rho^{-1}(1-z^*)}.$$

k 可以看作一个参照点, $b\mathbf{1}_{\rho < F_\rho^{-1}(1-z^*)}$ 是在其基础上的收益, $-\left[\lambda^* - \mu^* \frac{\rho}{w'(F_\rho(\rho))}\right]$ $\times \mathbf{1}_{\rho \geqslant F_\rho^{-1}(1-z^*)}$ 是在其基础上的损失. 该最优终端财富的结构与 Jin 等 (2005) 得到的结果类似. 终端财富的损益是由最终资产是否高于阈值 $F_\rho^{-1}(1-z^*)$ 所决定的, 这里 z^* 是由 (4.22) 决定的.

4.4.2 有效投资策略

第二个子问题可以转化为

$$
\begin{cases}
dX(t) = \left[r(t)X(t) + B(t)^{\mathrm{T}}a(t) + \lambda\mu_1(\eta - \theta_0)\right]dt + a(t)^{\mathrm{T}}\sigma(t)dW(t), \quad t \in [0, T], \\
X(T) = X^*.
\end{cases}
$$

根据 Bi 等 (2016) 的工作, 有以下重要引理.

引理 4.7 对于任何满足 $\xi \in \mathcal{L}^2_{\mathcal{F}_T}(\Omega; \mathbb{R})$ 的 ξ,则以下的倒向随机微分方程存在一个唯一解 $(X(\cdot), Z(\cdot))$,

$$
\begin{cases}
dX(t) = [r(t)X(t) + \theta(t)^{\mathrm{T}}Z(t) + c]dt + Z(t)^{\mathrm{T}}dW(t), \quad t \in [0, T], \\
X(T) = \xi.
\end{cases}
\tag{4.26}
$$

$X(t)$ 的形式为

$$
X(t) = \frac{1}{\rho(t)}E\left[\rho(T)\xi - c\int_t^T \rho(s)ds \,\middle|\, \mathcal{F}_t\right], \quad \forall t \in [0, T].
\tag{4.27}
$$

通过该引理, 只要给出终端财富的值, 就可以用基本的倒向随机微分方程求解任意时刻 t 的投资情况.

以下令 $c := \lambda\mu_1(\eta - \theta_0)$. 最优投资策略 $a(\cdot)$ 是索赔的复制策略

$$
X(T) = Y^* + k = k + b\mathbf{1}_{\rho < F_\rho^{-1}(1-z^*)} + \left[\lambda^* - \mu^*\frac{\rho}{w'(F_\rho(\rho))}\right]\mathbf{1}_{\rho \geqslant F_\rho^{-1}(1-z^*)}.
$$

令 $(x_1(\cdot), \pi_1(\cdot))$ 来复制 1, $(x_2(\cdot), \pi_2(\cdot))$ 来复制 $b\mathbf{1}_{\rho < F_\rho^{-1}(1-z^*)}$, $(x_3(\cdot), \pi_3(\cdot))$ 来复制

$$
\left[\lambda^* - \mu^*\frac{\rho}{w'(F_\rho(\rho))}\right]\mathbf{1}_{\rho \geqslant F_\rho^{-1}(1-z^*)},
$$

$(x_4(\cdot), \pi_4(\cdot))$ 来复制 $-c\displaystyle\int_t^T \rho(s)ds$, 并且记 $c^* := F_\rho^{-1}(1-z^*)$, 则 $X(t) = kx_1(t) + x_2(t) + x_3(t) + x_4(t)$, $a(t) = k\pi_1(t) + \pi_2(t) + \pi_3(t) + \pi_4(t)$.

假设所有的市场参数都是恒定的, 即 $r(\cdot) \equiv r$ 以及 $\theta(\cdot) \equiv \theta$. 在给定的概率测度 $\mathcal{F}_t$ 下, $\rho(t, T) := \dfrac{\rho(T)}{\rho(t)}$ 服从参数为 $(\tilde{\eta}_t, \tilde{\sigma}_t)$ 的对数正态分布, 其中

$$
\tilde{\eta}_t := -\left(r + \frac{\theta^2}{2}\right)(T - t), \quad \tilde{\sigma}_t^2 := \theta^2(T - t).
\tag{4.28}
$$

$\rho(T) = \rho(0, T)$ 服从参数为 $(\tilde{\eta}_0, \tilde{\sigma}_0)$ 的对数正态分布. 以下 $\Phi(\cdot)$ 和 $\phi(\cdot)$ 分别为标准正态分布的分布函数和密度函数. 由式 (4.27), 可知

$$x_1(t) = e^{r(t-T)} := g_1(t, \rho(t)), \tag{4.29}$$

$$\begin{aligned}
x_2(t) &= E\left[\rho(t,T)\mathbf{1}_{\rho(T)<c^*}\Big|\mathcal{F}_t\right] = E\left[\rho(t,T)\mathbf{1}_{\rho(t,T)<\frac{c^*}{\rho(t)}}\Big|\mathcal{F}_t\right] \\
&= \int_0^{\frac{c^*}{\rho(t)}} y\, d\Phi\left(\frac{\ln y - \tilde{\eta}_t}{\tilde{\sigma}_t}\right) = \frac{1}{\tilde{\sigma}_t}\int_0^{\frac{c^*}{\rho(t)}} \phi\left(\frac{\ln y - \tilde{\eta}_t}{\tilde{\sigma}_t}\right) dy \\
&:= g_2(t, \rho(t)),
\end{aligned} \tag{4.30}$$

$$\begin{aligned}
x_3(t) &= E\left\{\rho(t,T)\left[\lambda^* - \mu^*\frac{\rho}{w'(F_\rho(\rho))}\right]\mathbf{1}_{\rho \geqslant c^*}\Big|\mathcal{F}_t\right\} \\
&= E\left\{\rho(t,T)[\lambda^* - \mu^*\rho(t,T)\rho(t)/\, w'(F_{\rho(T)}(\rho(t,T)\rho(t)))]\mathbf{1}_{\rho(t,T)\geqslant\frac{c^*}{\rho(t)}}\Big|\mathcal{F}_t\right\} \\
&= \int_{\frac{c^*}{\rho(t)}}^{+\infty} y\left[\lambda^* - \mu^*y\rho(t)/w'\left(\Phi\left(\frac{\ln y + \ln\rho(t) - \tilde{\eta}_0}{\tilde{\sigma}_0}\right)\right)\right]d\Phi\left(\frac{\ln y - \tilde{\eta}_t}{\tilde{\sigma}_t}\right) \\
&= \frac{1}{\tilde{\sigma}_t}\int_{\frac{c^*}{\rho(t)}}^{+\infty}\left[\lambda^* - \mu^*y\rho(t)/w'\left(\Phi\left(\frac{\ln y + \ln\rho(t) - \tilde{\eta}_0}{\tilde{\sigma}_0}\right)\right)\right]\phi\left(\frac{\ln y - \tilde{\eta}_t}{\tilde{\sigma}_t}\right) dy \\
&:= g_3(t, \rho(t))
\end{aligned} \tag{4.31}$$

以及

$$\begin{aligned}
x_4(t) &= \frac{1}{\rho(t)}E\left\{-c\int_t^T \rho(s)ds\Big|\mathcal{F}_t\right\} \\
&= -\frac{c}{\rho(t)}\int_t^T E(\rho(s))ds \\
&= \frac{c}{r\rho(t)}(e^{-rT} - e^{-rt}) \\
&:= g_4(t, \rho(t)).
\end{aligned} \tag{4.32}$$

根据文献 (Bielecki et al., 2005) 的结论可知, $x_1(t)$ 的复制投资策略为

$$\hat{\pi}_1(t) = -(\sigma\sigma^{\mathrm{T}})^{-1}B\frac{\partial g_1(t,\rho)}{\partial\rho}\rho(t),$$

这里 $\hat{\pi}_1(t) = 0$.

$x_2(t)$ 的复制投资策略为

$$\hat{\pi}_2(t) = -(\sigma\sigma^{\mathrm{T}})^{-1}B\frac{\partial g_2(t,\rho)}{\partial\rho}\rho(t), \tag{4.33}$$

其中

$$\frac{\partial g_2(t,\rho)}{\partial \rho} = \frac{1}{\tilde{\sigma}_t} \left(\frac{c^*}{\rho(t)} \right)' \phi \left(\frac{\ln \frac{c^*}{\rho(t)} - \tilde{\eta}_t}{\tilde{\sigma}_t} \right)$$

$$= -\frac{c^*}{\rho(t)^2 \tilde{\sigma}_t} \phi \left(\frac{\ln c^* - \ln \rho(t) - \tilde{\eta}_t}{\tilde{\sigma}_t} \right),$$

可得投资策略为

$$\hat{\pi}_2(t) = (\sigma\sigma^{\mathrm{T}})^{-1} B \frac{c^*}{\rho(t)\tilde{\sigma}_t} \phi \left(\frac{\ln c^* - \ln \rho(t) - \tilde{\eta}_t}{\tilde{\sigma}_t} \right). \tag{4.34}$$

$x_3(t)$ 的复制投资策略为

$$\hat{\pi}_3(t) = -(\sigma\sigma^{\mathrm{T}})^{-1} B \frac{\partial g_3(t,\rho)}{\partial \rho} \rho(t).$$

由于 $\dfrac{\partial g_3(t,\rho)}{\partial \rho}$ 难以求得显式的表达结果, 因此在模拟实际结果的时候, 本节采用了数值近似方法.

$x_4(t)$ 的复制投资策略为

$$\hat{\pi}_4(t) = -(\sigma\sigma^{\mathrm{T}})^{-1} B \frac{\partial g_4(t,\rho)}{\partial \rho} \rho(t),$$

其中

$$\frac{\partial g_4(t,\rho)}{\partial \rho} = -\frac{c}{r\rho^2(t)} (e^{-rT} - e^{-rt}),$$

可得投资策略为

$$\hat{\pi}_4(t) = (\sigma\sigma^{\mathrm{T}})^{-1} B \frac{c}{r\rho(t)} (e^{-rT} - e^{-rt}). \tag{4.35}$$

综上, 就可以通过计算得到 $(x(t), a(t))$. 用 $a^*(t) = (q^*(t), \pi_1^*(t), \cdots, \pi_m^*(t))$ 表示计算所得的投资策略, 根据假设 $q(t) > 0$, 因此最优投资策略为 $\tilde{a}^* = (q^*(t) \vee 0, \pi_1^*(t), \cdots, \pi_m^*(t))$.

4.5 例子与数值模拟

在本节中会列举常用的 $M(\cdot)$ 形式并给出若干个数值例子来展示结论.

例 4.1 令 $w(z) = z^\gamma$, 其中参数 $\gamma > 1$. 这里假设 ρ 服从对数正态分布, 即 $F_\rho(x) = \Phi\left(\dfrac{\ln x - \tilde{\eta}}{\tilde{\sigma}} \right)$. 容易验证 $M(z) = \dfrac{F_\rho^{-1}(1-z)}{w'(1-z)}$ 在 $(0, z_0)$ 上单调递减, 在 $(z_0, 1)$ 上单调递增, 其中 $z_0 \in (0, 1)$. $M(0) = M(1) = +\infty$.

本例所用参数如表 4.1 所示.

表 4.1   例 4.1 的参数

γ	η	θ_0	λ	μ_1	x_0	k	r	T	σ	θ
1.3	0.2	0.1	0.8	0.5	1	1.2	0.05	3	$\begin{pmatrix} 1 & 0 \\ 0 & 1.2 \end{pmatrix}$	$\begin{pmatrix} 0.2 \\ 0.2 \end{pmatrix}$

经过简单计算可得 $y_0 = x_0 - kE(\rho) = -0.0328$, $B = \sigma \cdot \theta = \begin{pmatrix} 0.2 \\ 0.24 \end{pmatrix}$. 此时 $M(z)$ 的形状如图 4.1 所示.

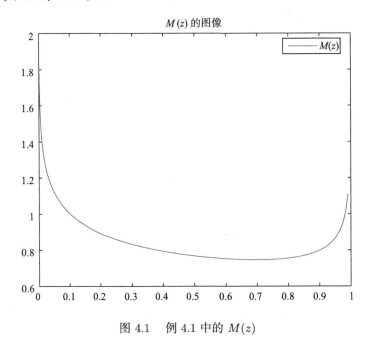

图 4.1   例 4.1 中的 $M(z)$

根据 $M(z)$ 的形状可知, 这符合情况 5. 因此, 问题 (4.14) 的最优解形式为

$$G^*(z) = \mu^*[M(z^*) - M(z)]\mathbf{1}_{0 \leqslant z \leqslant z^*} + b\mathbf{1}_{z^* < z \leqslant 1},$$

这里 z^* 由 (4.22) 给出, μ^*, b 分别由 (4.23) 与 (4.24) 给出.

通过 MATLAB 作出 G^* 的图像如图 4.2 所示.

图 4.2 展示了函数 f 与 G^* 的图像比较, 从图像中可以看到 G^* 函数存在一个明显的跳跃情况. 经过编程计算, 可得到该跳跃点为 $z^* = 0.479$. 经过模拟计算可得: $\tilde{\mu}^* = 0.7722$, $\mu^* = 1.1119$, $b^* = 0.2297$, $\lambda^* = \tilde{\mu}^* \mu^* = 0.8586$.

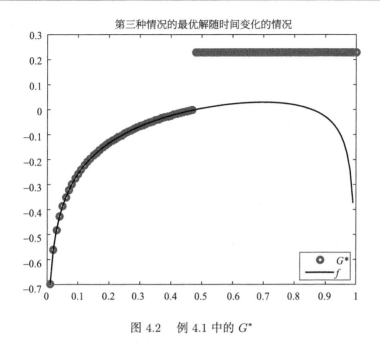

图 4.2 例 4.1 中的 G^*

模拟可得保险公司的投资金额变化情况以及其资产变化情况分别如图 4.3以及图 4.4所示. 为了方便起见, 例 4.1 仅引入了一个风险资产.

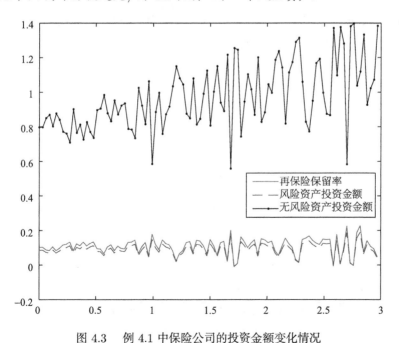

图 4.3 例 4.1 中保险公司的投资金额变化情况

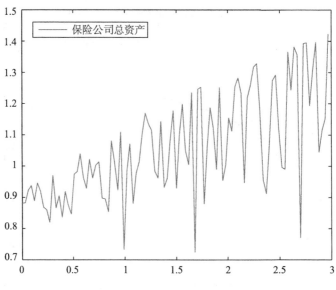

图 4.4 例 4.1 中保险公司的资产变化情况

例 4.2 对于凸函数 $w(z) = z^\gamma$，其中 $\gamma \in (0, 1]$，则存在 $z \in [0, 1]$ 满足 $w'(z)$ 在 $z \in (0, 1)$ 上单调递减，在 $w'(1 - z)$ 上单调递增。又因为 $F_\rho^{-1}(1 - z)$ 对任何 ρ 都在 $z \in (0, 1)$ 上单调递减，则 $M(z) = \dfrac{F_\rho^{-1}(1 - z)}{w'(1 - z)}$ 在 $z \in (0, 1)$ 上单调递减。$M(z)$ 的形状如图 4.5所示：根据图像可知，此时符合情况 2，问题 (4.14) 不存在最优解。但其存在最小值。此时 $M(z)$ 可以看作情况 5 在 $z_0 \to 1$ 下的特例。经过计

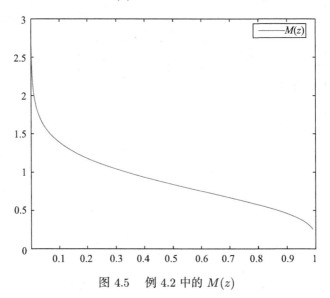

图 4.5 例 4.2 中的 $M(z)$

算可以得到问题 (4.14) 的最小值:

$$\frac{y_0^2}{\int_0^1 [M(1) - M(z)]^2 w'(1-z)dz},$$

该最小值不能取到.

若令概率扭曲函数为恒等变换 $w(z) = z$, 即不使用概率扭曲, 则问题 (4.14) 的最小值为

$$\frac{y_0^2}{\int_0^1 [M(1) - M(z)]^2 w'(1-z)dz} = \frac{y_0^2}{E[(\rho - \rho_0)^2]},$$

这里 $\rho_0 := \lim_{z \to 1} F_\rho^{-1}(1-z)$. 这和 Jin 等 (2005) 的结论是一致的.

例 4.3 令

$$w(z) = \frac{z^\gamma}{[z^\gamma + (1-z)^\gamma]^{\frac{1}{\gamma}}},$$

其中任意参数 $\gamma \in (0,1)$. 该函数为倒 S-型函数, $\exists z_0 \in (0,1)$ 使得该函数在 $(0, z_0)$ 上是凹函数, 在 $(z_0, 1)$ 上是凸函数. 同样地, 这里 ρ 服从对数正态分布.

给定本例参数如表 4.2 所示, 可以作出 $M(z)$ 如图 4.6所示.

表 4.2 例 4.2 和例 4.3 的参数

γ	x_0	k	r	T	θ
0.5	1	1.2	0.05	1	$\begin{pmatrix} 0.2 \\ 0.2 \end{pmatrix}$

由图 4.6 可见 $M(z)$ 先增后减, 在某个 $z_0 \in (0,1)$ 处达到最大值. 又因为 $M(1) = \frac{F_\rho^{-1}(0)}{w'(0)} = 0 \leqslant M(0)$, 因此该类 $M(z)$ 符合情况 4. 事实上, 因为 $F^{-1}(\cdot)$ 的单调不减性以及 $w(z)$ 为倒 S-型函数, 所有 $\gamma \in (0,1)$ 的此类 $M(z)$ 都符合情况 4, 并且 γ 越大, z_0 越小. 因此问题 (4.14) 对于此类 $w(z)$ 为倒 S-型函数的 $M(z)$ 不存在最优解, 但存在一个不可取得的最小值 $y_{\min}$,

$$y_{\min} = \frac{y_0^2}{\int_0^1 [M(1) - M(z)]^2 w'(1-z)dz - \int_0^{z_2^*} [M(z_2^*) - M(z)]^2 w'(1-z)dz},$$

其中参数 z_2^* 由式 (4.19) 决定. 在本例中, 通过 MATLAB 数值模拟, 得到 $z_2^* = 0.8970$, 最小值 $y_{\min} = 0.0207$.

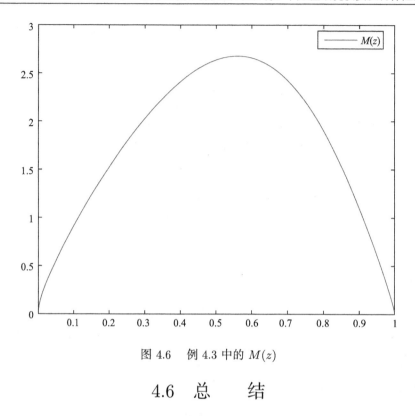

图 4.6　例 4.3 中的 $M(z)$

4.6　总　　结

　　传统意义下的期望仅能反映客观的事实, 而作为一个投资者, 保险公司在进行决策的时候存在着心理活动以及投资偏好行为. 在这种事实的影响下, 采用概率扭曲函数来表示投资者的主观行为, 相比均值-方差准则更能反映投资者的看法. 本章采用均值-半方差准则考虑均值以下部分风险的最优化问题, 研究了在对概率测度使用非线性函数进行扭曲之后的连续时间下均值-半方差最优投资及再保险问题. 通过概率扭曲函数, 本章定义了 Choquet 模糊积分下的资产期望. 本章的结果表明了在某些凸的概率扭曲函数的作用下, 均值-半方差问题存在显式最优解, 这可以反映出保险公司的风险厌恶程度. 通过倒向随机微分方程, 本章求出了在任意时刻保险公司的最优投资以及再保险比例. 若不采用任何概率扭曲函数, 则本章的结果退化为传统的均值-半方差问题, 与 Jin 等 (2005) 的结论一致, 不存在最优解.

第 5 章　监管机制下保险人的均值-方差最优投资-再保险问题研究

本章研究了在均值-方差优化准则下, 保险人的最优投资和最优再保险问题. 用一个复合泊松过程模型来拟合保险人的风险过程, 保险人可以投资无风险资产和价格服从跳跃-扩散过程的风险资产. 此外, 保险人还可以购买新的业务 (如再保险). 本章的限制条件为投资和再保险策略的组合不能产生亏损, 其中可能产生亏损的原因为新业务的亏损或者风险资产卖空. 除此之外, 本章还引入了新巴塞尔协议对风险资产进行监管, 使用随机线性二次型 (linear-quadratic, LQ) 控制理论推导出最优值和最优策略. 对应的哈密顿-雅可比-贝尔曼 (Hamilton-Jacobi-Bellman, HJB) 方程不再有古典解. 在黏性解的框架下, 给出了一种新的验证定理, 于是可以明确推出有效策略 (最优投资策略和最优再保险策略) 和有效前沿.

5.1　引　　言

如今在金融领域, 保险人的规模和影响力正在日益增长. 保险人从投保人处收取一定数目金额的保费, 并且在发生了灾害之后, 偿付给被保险人相应的费用. 保险人日常经营的收益就来源于这笔收取的保费与赔付给被保险人的费用之间的差额, 这种做法既降低了被保险人承担的风险, 又能帮助公司自身赚取收益. 然而, 保险人的这种经营方式汇聚了大量的来自于被保险人的风险, 为了维持公司的稳定经营, 降低突发事件造成公司的倒闭或者破产等情况出现的可能性, 保险人经常通过购买再保险的形式来分散风险. 虽然这种做法能够降低保险人所面临的风险, 但是保险人的保费收入也会因为所支付的这部分再保险费用而降低. 因此, 如何衡量保险人的风险和收益, 这就引发了对最优再保险策略的探索. 与此同时, 由于保险人汇聚了大量来自于投保人的资金, 因此无论是出于资金保值的考虑, 还是保险人希望追求更多的收益, 都会促使公司将部分收益用于投资资本市场, 获取更多的来自于资本市场的收益, 这样也会引进资本市场的收益风险. 因此, 如何权衡投资于资本市场部分的资产收益与风险, 选择最优的投资比例, 也是一个需要考虑的最优化问题.

大部分金融文献都假定股票价格遵循一个扩散型过程, 特别是几何布朗运动 (geometric Brownian motion,GBM). 例如, 著名的 Black-Scholes-Merton 金融市场就是基于几何布朗运动来得到标的证券价格的动态变化. 但在金融市场中, 不确定性随时会发生, 导致股票价格会产生跳跃性变化. 在股票价格模型中, 研究这种跳跃性的一个经典方法称为跳跃-扩散, 它来源于文献 (Merton, 1973). 在一个跳跃-扩散模型中, 股票的价格可能会跳到一个新的水平, 然后继续进行几何布朗运动. 文献 (Zhou, 1997; Schmidt and Stute, 2007) 中记载了其他跳跃-扩散模型.

近年来, 由于保险人有机会在金融市场上投资, 金融市场的最优投资问题受到了越来越多的保险人的关注. 如文献 (Browne, 1995), 其中风险过程由带漂移的布朗运动来近似, 股票价格过程用几何布朗运动来模拟. Browne (1995) 优化的目标是期望效益最大化, 效用函数为常数绝对风险厌恶效用函数 (constant absolute risk aversion, CARA). 在文献 (Hipp and Plum, 2000) 中, 风险过程是由经典的 Cramer-Lundberg 模型来描述的, 保险人的目标是破产概率最小化. 后来, 有一些文献在不同的优化标准和不同的风险模型下, 如 Gaier 等 (2003), Wang 等 (2007) 考虑了最优投资问题.

风险管理是保险人需要解决的一个重要问题. 为了规避较大的风险, 保险人经常会进行再保险, 已经有一系列著作研究保险人的最优再保险问题, 如文献 (Schmidli, 2002; Bäuerle, 2005; Bai and Zhang, 2008). 他们认为风险过程是一个复合泊松过程或带漂移的布朗运动, 其中的变量, 例如, 再保险、新业务、投资均是动态调整的. 不同标准下的最优再保险策略有很大不同.

文献 (Markowitz, 1952) 关于均值-方差投资组合问题的研究已经成为现代金融理论的一个重要的基础. 均值-方差投资组合选择问题是为了寻求各种证券的最优分配方案, 从而在一个固定的时间内, 实现投资的预期收益与风险之间的最优权衡. Markowitz (1952) 考虑了单周期模型, 投资组合的风险由其方差来衡量, 收益由其预期回报来衡量. Markowitz 给出如何在期望值给定时, 使得投资组合的方差问题最小化的计算方法, 这样一个最优的组合称为方差最小化组合. 如果它还达到所有投资组合中的最高预期收益, 那么它就是一种有效的策略, 在方差和预期收益的二维条件下产生的所有有效组合的点称为有效前沿. 之后, 均值-方差准则逐渐发展成为现代金融学的重要理论基础之一, 见文献 (Merton, 1972; Zhou and Li, 2000; Li 等, 2002; Lim and Zhou, 2002). 在 2000 年之前, 大部分均值-方差问题均是在离散时间下考虑的, 直到随机线性二次型 (LQ) 控制的出现. 应用随机 LQ 控制理论, 一系列的文献 (例如, Zhou and Li, 2000; Lim and Zhou, 2002)) 研究了连续时间下的 Markowitz 模型, 并且在大多数情况下, 得到了问题的显式解. 文献 (Yong and Zhou, 1999; Fleming and Soner, 1993) 是随机控制理论的丰硕成果, 为解决更复杂的情况提供了可能. Fleming 和 Soner (1993) 介绍了连续时间下马尔可夫过程的最优随机控制理论以及 HJB 方程的黏性解理论. 最近, Wang 等 (2007) 指出, 均值-方差准则也可以应用到保险精算领域, 在均值-方差优化准则下, 他们利用鞅方法考虑了最优投资问题. Bai 和 Zhang (2008), Delong 和 Gerrard (2007) 也在其他模型下研究了均值-方差最优投资问题.

新巴塞尔协议 (以下简称为协议) 是由国际清算银行下的巴塞尔银行监理委员会出台的资本协定, 该委员会在 19 世纪 80 年代末就已出台过一项资本协议, 自协议出台以后, 相关人员就对银行的金融风险做出了明确的辨析和度量, 科学地划分了银行所面临的风险, 成了国际银行业的行业规则和惯例. 该协议要求银行业必须达到一定的资本充足率, 长期以来为银行业金融风险的监管和国际金融风险的防范做出了重要的贡献.

新巴塞尔协议的出台, 为银行业的风险管理提供了一定的规范. 本章将银行业的新巴塞尔协议的风险管理模式引入到保险市场, 考虑保险企业的风险划分, 对保险公司能纳入新巴塞尔协议的风险管理体系的风险部分加入风险监管, 以期望在模型中能充分吸取新巴塞尔协议在银行业风险管理模式下的先进管理技术, 提升保险人的风险管理水平, 增加风险收益.

然而, 新巴塞尔协议中写明该协议适用的主体为银行、证券以及其他金融实体, 并不能直接适用于保险人, 这一区别对待的主要原因是保险人经营模式的特殊性. 保险人主要的经济收入来源于自身所承担的风险, 与银行等金融机构相比较, 必须要加入风险管理以及对自身资本充足率的计算, 这种风险划分体系比其他金融机构更加严格, 若在其日常经营中再引入协议, 会造成总体风险的过度度量, 降低保险人的收益. 因此, 若要正确地将协议应用于保险人, 首先就要对保险人的风险进行正确的识别和划分.

正如以上所述, 既然新巴塞尔协议对于保险人的风险划分并不适用, 那么对于保险人应用这一协议的理由和优势就更加需要做出合理的分析和解释.

第一, 随着保险行业的发展, 其规模不断增大, 混合业务逐渐增多, 保险人将会推出越来越多的创新性金融产品. 因此保险人需要处理的风险除了保险合同赔偿之外, 还包括参与金融市场的风险. 加入新巴塞尔协议来区分和规范保险人所面临的市场风险, 采用和金融市场相同的风险管理框架来提升保险行业的管理水平, 有利于保险人更加积极主动地融入金融市场中, 以获取更多的市场收益.

第二, 在国际金融市场上, 各种金融企业多年来在发展自身主营业务的过程中, 探索出了最先进的风险管理技术, 保险人如果能借助新巴塞尔协议搭建的风险管理的框架, 完善自身的风险分类体系, 就能引入其他金融企业已有的理论研究成果, 构建与自身新的金融业务相适应的风险管理系统, 提升自身风险管理水平, 以期望在原有的保险市场上推出的产品以及在国际金融市场上投资的产品都能获取更多的收益.

目前关于保险类企业的风险划分方法, 无论是理论的角度还是实务的角度, 都还没能达成一个统一的共识, 划分的方式并不唯一. 目前主要的分类方式有三种. 第一种是保险监管机构从保险企业的资本充足率角度出发, 要求其必须具有一定偿付能力额度的风险管理模型体系; 第二种是具有丰富的风险管理技术的大型保险企业依据自身企业实务提出的风险分类模型体系; 第三种是保险行业的学术研究人员在研究保险企业的风险管理时提出的风险分类模型体系.

这三种体系均有各自的代表模型或分类方式, 各有利弊, 为了与后文中研究的主要问题所建立的模型相符合, 并且考虑到新巴塞尔协议关于资本充足率的要求, 下面构建一种合理的模型体系.

首先, 现代企业风险管理将企业风险划分为四个部分, 包括业务风险、战略风险、操作风险和声誉风险. 其中业务风险是业务决策的风险, 战略风险是战略决策的风险, 操作风险是实施业务和战略时面临的风险或者其他外部事件带来的风险, 声誉风险是前三种风险可能导致企业声誉受损的风险. 操作风险为业务风险和战略风险的延伸, 声誉风险与其他三种风险息息相关.

接下来我们对保险人的业务风险做一定程度的细分. 依据新巴塞尔协议的划

分, 银行业在业务决策的过程中, 需要面临一定的信用风险和市场风险, 而保险行业的主要风险是承保带来的风险以及将承保资金投放于市场的风险. 其中承保业务带来的风险是保险人独有的保险风险, 需要划归进业务风险的范畴, 而承保资金投放于市场的行为与银行业的投资行为类似, 都会产生信用风险和市场风险, 因此对于这一部分风险可以采用协议规定的风险划分, 对其应用新巴塞尔协议. 然而还有一个需要考虑到的问题是新巴塞尔协议的应用主体是银行, 协议中提及的风险也主要是银行业所面临的风险, 因此对于保险行业来说, 仍需要在业务风险中补充一项所有金融企业都需要面临的资产流动性风险. 综上所述, 保险人的业务风险划分为四类: 信用风险、市场风险、保险风险和资产流动性风险, 对于前两类应用新巴塞尔协议进行风险监管.

对于保险人的剩余风险部分, 参照新巴塞尔协议中的要求, 战略风险和声誉风险不在协议规定的监管范围之内. 虽然保险业的操作规范与银行业具有相当大的差异, 但对于金融企业而言, 实施业务和战略的过程中总会出现不可避免的偏差, 这可能是由不充分的准备或者人员、政策、流程等失误造成的各类风险, 依照现代企业风险管理的划分, 它们都被归为操作风险, 这也是新巴塞尔协议中要求银行业需要考虑的风险监管范畴, 因此在保险行业中也将这部分风险纳入新巴塞尔协议的风险监管范畴.

综上所述, 将保险人面临的风险分为四大类: 业务风险、战略风险、操作风险和声誉风险, 其中业务风险又细分为信用风险、市场风险、保险风险和资产流动性风险. 最终我们对操作风险以及业务风险中的信用风险和市场风险采用新巴塞尔协议的风险监管政策.

本章以随机线性二次型 (LQ) 控制为框架, 研究均值-方差最优投资和再保险问题. 保险人可以投资于无风险资产 (债券) 和风险资产 (股票). 我们加入风险资产价格的跳跃机制, 那么金融市场就服从跳跃-扩散模型, 这比 Wang 等 (2007) 的模型更接近于金融市场. 为了简单起见, 假设金融市场上只有一种风险资产, 如果有多个风险资产, 计算过程是类似的, 只是符号更复杂. 保险人可以购买新的业务 (如再保险). 我们假设股票的卖空是不允许的. 利用随机 LQ 控制理论来解决均值-方差优化问题. 然而, 再保险策略和投资策略的非负约束, 使得这个问题又区别于传统的 LQ 问题. 因此基本的 Riccati 方程和鞅方法无法应用, 所以我们需要采用 HJB 方程的方法来解决这个 LQ 问题. 本章的难点在于: ①由于投资策略中不允许卖空的约束和再保险策略的非负约束, 相应的 HJB 方程不再有古典解, 同时, 经典的验证定理不能使用; ②即使可以通过 Zhou 等 (1997) 的扩散模型找到 HJB 方程的一个黏性解, 最优值和最优策略仍不能通过已知的验证定理推出. 为了解决这些困难, 本章构建了一个 HJB 方程的黏性解. 在黏性解的框架下, 给出了一个新的验证定理, 并给出了有效策略 (最优投资策略和最优再保险策略) 和有效前沿.

本章的结构如下: 5.2 节构造了保险人投资-再保险策略的基本模型和加入巴塞尔协议监管之后的模型. 将保险人的资本分为投资债券获取无风险收益、投资股票获取风险收益、保险赔付和再保险分担风险三个部分, 其中股票部分采用了金融市场上应用广泛的跳跃-扩散模型来拟合, 并且加入股票不允许卖空的限制条件. 5.3 节以随机线性二次型 (LQ) 控制为框架, 利用 HJB 方程的方法求解最优均值-方差投资和再保险问题. 5.4 节给出了一系列的数值例子分析, 分别探讨了不同参数的选择对最终投资策略的选择带来的影响. 5.5 节对本章进行了总结归纳.

5.2　均值-方差最优投资-再保险模型建立

5.2.1　投资-再保险模型

令 $(\Omega, \mathcal{F}, \mathbb{P})$ 表示概率空间, 其中 $\{\mathcal{F}_t\}$ 包含以下所有定义参数. 假设交易在连续的时间区间 $[0, T]$ 内进行.

假设金融市场中包含了一个无风险债券和一只股票, 债券的价格方程如下

$$\begin{cases} dB(t) = r(t)B(t)dt, & t \in [0, T], \\ B(0) = 1, \end{cases}$$

其中 $r(t)(> 0)$ 表示债券的利率.

股票的价格由以下的跳跃-扩散过程给出

$$\begin{cases} dS(t) = S(t-) \left[b(t)dt + \sigma(t)dW(t) + d\sum_{i=1}^{N_1(t)} M_i \right], & t \in [0, T], \\ S(0) = S_0, \end{cases} \tag{5.1}$$

其中 $S(0)$ 为给定的初始价格, $b(t)(> r(t))$ 为漂移系数, $\sigma(t) > 0$ 为波动系数. 定义 $a(t) := b(t) - r(t) > 0$. $\{W(t)\}_{t \geqslant 0}$ 为标准 $\{\mathcal{F}_t\}_{t \geqslant 0}$ 适应布朗运动, 并且假定 $r(t)$, $b(t)$ 以及 $\sigma(t)$ 在 $[0, T]$ 上确定、有界且 Borel 可测. $\{N_1(t)\}_{t \geqslant 0}$ 是参数为 λ_1 的泊松过程. 跳跃 $\{M_i, i \geqslant 1\}$ 为一组独立同分布随机变量, M_i 同分布于随机变量 M, 且第 i 次跳跃发生在 T_i. 令 $F_M(\cdot)$ 表示 M 的累积密度函数, 我们假设 $E(M) = \mu_{11} \geqslant 0$, $E(M^2) = \mu_{12}$. $\{W(t)\}_{t \geqslant 0}$, $\{N_1(t)\}_{t \geqslant 0}$ 和 $\{M_i, i \geqslant 1\}$ 之间相互独立.

式 (5.1) 中的扩散部分表示由经济情况的自然增长和其他信息造成的股价正常波动, 跳跃部分描述了重要信息带来的股价大幅度波动. 根据随机微分方程理论, 式 (5.1) 存在特解.

保险人的风险过程 $\{R(t)\}_{t \geqslant 0}$ 为

$$dR(t) = cdt - d\sum_{i=1}^{N_2(t)} Y_i, \quad R(0) = R_0, \tag{5.2}$$

其中 R_0 为已确定的保险人的初始准备金, c 为保费率. $\{N_2(t)\}_{t \geqslant 0}$ 是参数为 $\lambda_2 > 0$ 的泊松过程, 并且与 $\{N_1(t)\}_{t \geqslant 0}$ 相互独立. $\{N_2(t)\}_{t \geqslant 0}$ 表示在时间段 $[0, t]$ 之内发生赔付的次数. Y_i 表示第 i 次的赔付额, 并且 $\{Y_i, i \geqslant 1\}$ 为独立同分布随机变量, 且 Y_i 同分布于随机变量 Y. $\{Y_i, i \geqslant 1\}$ 与 $\{N_2(t)\}_{t \geqslant 0}$ 之间相互独立. 因此复合泊松过程 $\sum_{i=1}^{N_2(t)} Y_i$ 表示 $[0, t]$ 时间段内的累积赔付额. 第 i 次赔付发生的时间记为 $\widehat{T}_i$. 令 $F_Y(\cdot)$ 表示 Y 的累积密度函数, 我们假设 Y 的均值为 $E(Y) = \mu_{21} > 0$, Y 的二阶矩为 $E(Y^2) = \mu_{22} > 0$. 综上所述, $\{W(t)\}_{t \geqslant 0}$, $\{N_1(t), \}_{t \geqslant 0}$, $\{M_i, i \geqslant 1\}$, $\{N_2(t)\}_{t \geqslant 0}$, $\{Y_i, i \geqslant 1\}$ 之间相互独立. 从保险人的角度来看, 式 (5.2) 是一个保险合同支付履行的过程.

假定保险人可以将资产投资于金融市场. 令 $\xi(t)$ 和 $\eta(t)$ 分别表示保险人在 t 时刻投资于债券和股票的资产价值, 并且 $\xi(t) + \eta(t) = X(t)$, $X(t)$ 表示保险人在 t 时刻所持有的总资产. 本章的一个重要约束条件就是股票不允许卖空, 即 $\eta(t) \geqslant 0$, 但对于债券部分 $\xi(t)$ 不做此约束.

假设保险人可以通过购买再保险的形式来分担风险, 并且令 $q(t)(\geqslant 0)$ 表示 t 时刻保险人自身留存的风险比例. 这表明保险人需要为在 t 时刻发生的索赔 Y 支付 $q(t)Y$, 剩余的 $(1 - q(t))Y$ 部分由再保险人支付. 这份再保险合同要求保险人提前向再保险人支付一定的保费金额 $(1 - q(t))c_1$, 并且 $q(t) \in [0, 1]$ 表明该保险人购买了再保险, $q(t) > 1$ 表示该保险人承担了来自于其他保险人的再保险. 若 $(\eta(t), q(t))$ 为 $\mathcal{F}_t$ 可测过程, 并且在 $t \geqslant 0$ 时满足 $\eta(t) \geqslant 0$, $q(t) \geqslant 0$, $E[\int_0^t \eta_i(s)^2 ds] < \infty$ 以及 $E[\int_0^t q(s)^2 ds] < \infty$, 则称策略 $\pi(t) = (\eta(t), q(t))$ 是可容许的. 假定所有可容许的策略集合为 Π, 则保险人的资产价值过程 $X(t)$ 为

$$
\begin{cases}
dX(t) = [r(t)X(t-) + a(t)\eta(t) + c - c_1 + c_1 q(t)]\,dt + \eta(t)\sigma(t)dW(t) \\
\qquad + \eta(t)d\sum_{i=1}^{N_1(t)} M_i - d\sum_{i=1}^{N_2(t)} q(\widehat{T}_i)Y_i, \\
X(0) = X_0.
\end{cases} \tag{5.3}
$$

对于给定的容许策略 $\pi(\cdot)$ 和初始值 X_0, 必然存在一个特解 $X(\cdot)$ 满足式 (5.3).

在 5.1 节中, 我们将保险人所持有的总资产划分为债券 (无风险资产)、股票以及赔付款三部分. 根据之前的描述, 股票部分具有市场风险, 可以加入新巴塞尔协议的监管机制, 而赔付款部分为保险风险, 不能引入新巴塞尔协议.

根据新巴塞尔协议的有关规定, 以及文献 (Lévy, 2015) 的相关描述, 保险人每投资一单位资产, 就需要无条件地持有 nVaR 数量的合格资产, 其中 n 在 3 到 4 之间, 取决于过去在风险价值评估模型中的表现. VaR 即在险价值 (Value-at-Risk), 这里假设 VaR 是一个给定的常数. 因此, 保险人将可用的每一单位资产分成两部分, 其中 $(1 - n\text{VaR})$ 的部分投资于风险资产, 并且无条件持有 nVaR 作为新巴塞尔协议要求持有的合格资本. 为了简化公式计算, 记 $\alpha = 1 - n\text{VaR}$. 保险人能从合格资产中获取的利益为 r^-, 其中 r^- 比无风险利率 r 要小, 这是由于投资限制和隐含保费的影响. $r - r^-$ 的差值反映了维持合格资产的成本, 这种成本可以看作是由运营成本、税收以及其他任何来源的成本所造成的损失. 因此, 对于这部分合格资产的处理, 可以看作是利率为 r^- 的无风险资产.

在考虑了新巴塞尔协议的监管条件以后, 保险人的资产价值过程 $X(t)$ 为

$$
\begin{cases}
dX(t) = [r(t)X(t-) + (1 - \alpha)\eta(t)(r^-(t) - r(t)) \\
\qquad + \alpha a(t)\eta(t) + c - c_1 + c_1 q(t)]dt \\
\qquad + \alpha\eta(t)\sigma(t)dW(t) + \alpha\eta(t)d\sum_{i=1}^{N_1(t)} M_i - d\sum_{i=1}^{N_2(t)} q(\widehat{T}_i)Y_i, \\
X(0) = X_0.
\end{cases} \tag{5.4}
$$

考虑到后续证明过程的严谨性, 同时, 实例中 α 的取值不会太小, $r^-(t)$ 也不会比 $r(t)$ 小太多, 于是在假设满足 $\alpha a(t) + (1-\alpha)(r^-(t) - r(t)) > 0$ 的基础上进行后续计算.

5.2.2 均值-方差优化准则

令 $X^\pi(T)$ 表示可容许策略 $\pi(\cdot)$ 对应的最终财富, 则均值-方差投资组合选择问题就要使得当 $\pi(\cdot) \in \Pi$ 时, $E[X^\pi(T)]$ 最大且 $\mathrm{Var}[X^\pi(T)]$ 最小. 这是一个具有两个冲突标准的多目标优化问题. 当不存在 $\pi \in \Pi$ 使得

$$E[X^\pi(T)] \geqslant E[X^{\pi^*}(T)], \quad \mathrm{Var}[X^\pi(T)] \leqslant \mathrm{Var}[X^{\pi^*}(T)]$$

至少一个不等式严格成立时, 策略 $\pi^* \in \Pi$ 就是均值-方差有效的. $(\mathrm{Var}[X^{\pi^*}(T)],$ $E[X^{\pi^*}(T)]) \in \mathbb{R}^2$ 为有效点, 其集合为有效前沿.

均值-方差优化问题可以表示为以下多目标优化问题

$$\begin{aligned}
\mathrm{Min} \quad & (J_1(\pi(\cdot)), J_2(\pi(\cdot))) := (\mathrm{Var}[X\pi(T)], -E[X\pi(T)]), \\
\mathrm{s.t.} \quad & \begin{cases} \pi \in \Pi, \\ (X(\cdot), \pi(\cdot)) \quad \text{满足 (5.3)}. \end{cases}
\end{aligned} \tag{5.5}$$

当不存在

$$J_1(\pi(\cdot)) \leqslant J_1(\pi^*(\cdot)), \quad J_2(\pi(\cdot)) \leqslant J_2(\pi^*(\cdot))$$

至少一个严格成立时, 这个容许的投资组合 $\pi^*(\cdot)$ 就被称为一个有效的投资组合. 此时 $(J_1(\pi^*(\cdot)), -J_2(\pi^*(\cdot))) \in \mathbb{R}^2$ 被称为有效点, 其集合为有效前沿.

先找一个容许的投资策略使得 $E[X^\pi(T)] = k$, 其中 k 为常数, 接下来要使得衡量最终财富的风险 $\mathrm{Var}[X^\pi(T)] = E\left\{X^\pi(T) - E[X^\pi(T)]\right\}^2 = E\{[X^\pi(T) - k]^2\}$ 降到最低.

上述方差最小问题可以表示为如下优化问题

$$\begin{aligned}
\mathrm{Min} \quad & \mathrm{Var}[X^\pi(T)] = E[X^\pi(T) - k]^2, \\
\mathrm{s.t.} \quad & \begin{cases} E[X^\pi(T)] = k, \\ \pi \in \Pi, \\ (X(\cdot), \pi(\cdot)) \quad \text{满足 (5.3)}. \end{cases}
\end{aligned} \tag{5.6}$$

对于固定的 k, 这个问题的最优投资组合叫做方差最小投资组合. 若 $\mathrm{Var}[X^*(T)]$ 为式 (5.6) 的最优值, 则 $(\mathrm{Var}[X^*(T)], k)$ 为方差最小前沿.

假设最终财富的期望 k 满足

$$k \geqslant X_0 e^{\int_0^T r(s)ds} + (c - c_1) \int_0^T e^{\int_v^T r(s)ds} dv. \tag{5.7}$$

这一假设认为投资股票市场能获得比投资证券以及 $q(t) = 0$ 情况下更多的财富.
这一假设也意味着投资者必须承担风险来满足他的投资目标, 显然这是一个合理
的假设.

一个有效的投资组合是指不存在另一个投资组合具有更高的均值而无更高的
方差, 或者是具有更小的方差而无更小的均值. 换句话而言, 一个有效的投资组合
是 Pareto 最优的.

由式 (5.5) 和式 (5.6) 可知, 有效前沿是方差最小化前沿的子集, 下面先讨论
方差最小化的投资策略.

由于式 (5.6) 是一个凸优化问题, 等式约束可以通过引入 Lagrange 乘子 $\beta \in$
$\mathbb{R}$ 处理. 因此对于每个固定的 β, 问题 (5.6) 可以通过以下最优随机控制问题来解
决

$$\begin{aligned} &\text{Min} \quad E\left\{[X^\pi(T) - k]^2 + 2\beta[E[X^\pi(T)] - k]\right\}, \\ &\text{s.t.} \quad \begin{cases} \pi \in \Pi, \\ (X(\cdot), \pi(\cdot)) \quad \text{满足 (5.3)}, \end{cases} \end{aligned} \tag{5.8}$$

其中 β 之前的系数 2 只是为了方便后续计算. 在解决了问题 (5.8) 之后, 为了得到
问题 (5.6) 的最优值和最优策略, 需要根据 Lagrange 对偶定理得到问题 (5.8) 在
$\beta \in \mathbb{R}$ 上的最大值. 显然, 这个问题相当于

$$\begin{aligned} &\text{Min} \quad E\left\{[X^\pi(T) - (k - \beta)]^2\right\}, \\ &\text{s.t.} \quad \begin{cases} \pi \in \Pi, \\ (X(\cdot), \pi(\cdot)) \quad \text{满足 (5.3)}, \end{cases} \end{aligned} \tag{5.9}$$

对于固定的 β 值而言, 这两个问题具有完全相同的最优控制.

为了下文表示的简略, 将省略 $X^\pi(\cdot)$ 的上标 π.

5.3　均值-方差最优投资-再保险模型求解

5.3.1　辅助随机 LQ 问题的解

先考虑一个辅助随机 LQ 问题, 对于下面的线性控制随机微分方程

$$
\begin{cases}
dx(t) = [r(t)x(t-) + (1-\alpha)\eta(t)(r^-(t) - r(t)) \\
\qquad + \alpha a(t)\eta(t) + c(t) + c_1 q(t)]dt \\
\qquad + \alpha\eta(t)\sigma(t)dW(t) + \alpha\eta(t)d\sum_{i=1}^{N_1(t)} M_i - d\sum_{i=1}^{N_2(t)} q(\widehat{T}_i)Y_i, \\
x(0) = x_0
\end{cases}
\tag{5.10}
$$

以及问题

$$
\begin{aligned}
&\text{Min} \quad E\left\{\frac{1}{2}[x(T)]^2\right\}, \\
&\text{s.t.}
\begin{cases}
\pi \in \Pi, \\
(x(\cdot), \pi(\cdot)) \quad \text{满足 (5.10)}.
\end{cases}
\end{aligned}
\tag{5.11}
$$

若在式 (5.10) 中假设 $x(t) = X(t) - (k-\beta)$, 则 $X(t) = x(t) + (k-\beta)$, $X(0) = x(0) + (k-\beta)$ 以及 $c(t) = c - c_1 + (k-\beta)r(t)$, 就可以由 (5.10) 得到 (5.3). 因此可以先解决 (5.10)—(5.11) 的问题.

先定义如下的最优值函数

$$
J(t,x) = \inf_{\pi \in \Pi} E\left\{\frac{1}{2}[x(T)]^2 \,\bigg|\, x(t) = x\right\}.
$$

这是一个随机 LQ 问题, 由于两个约束条件都要求取非负值, 因此不能采用随机最大值原理或鞅方法, 可以采用 HJB 方程来解决.

问题 (5.10)—(5.11) 对应的 HJB 方程为以下偏微分方程

$$
\begin{cases}
\inf_{\pi} \Big\{ V_x(t,x)[r(t)x + \alpha a(t)\eta + (1-\alpha)\eta(r^-(t) - r(t)) + c(t) + c_1 q] \\
\qquad + \frac{1}{2}V_{xx}(t,x)\sigma(t)^2\alpha^2\eta^2 + V_t(t,x) \\
\qquad + \lambda_1 E[V(t, x+\alpha\eta M) - V(t,x)] + \lambda_2 E[V(t, x-qY) - V(t,x)] \Big\} = 0, \\
V(T,x) = \frac{1}{2}x^2,
\end{cases}
\tag{5.12}
$$

其中 $V_t(t,x)$ 和 $V_x(t,x)$ 为 $V(t,x)$ 的偏导数. 若最优值函数 $J(\cdot, \cdot)$ 二次连续可导, 则满足式 (5.12). 然而大多数情况下都不满足, 因此考虑式 (5.12) 的黏性解, 先给出黏性解的定义.

定义 5.1 令 V 表示连续函数,

(1) 若对于任意 $\varphi \in C^{1,2}([0,T] \times \mathbb{R})$,

$$
\inf_{\eta \geqslant 0, q \geqslant 0} \left\{ \varphi_t(\bar{t}, \bar{x}) + \varphi_x(\bar{t}, \bar{x})[r(\bar{t})\bar{x} + \alpha a(\bar{t})\eta + (1-\alpha)\eta(r^-(\bar{t}) - r(\bar{t})) + c(\bar{t}) + c_1 q] \right.
$$
$$
+ \frac{1}{2}\varphi_{xx}(\bar{t}, \bar{x})\sigma(\bar{t})^2\alpha^2\eta^2 + \lambda_1 E[\varphi(\bar{t}, \bar{x} + \alpha\eta M) - \varphi(\bar{t}, \bar{x})]
$$
$$
\left. + \lambda_2 E[\varphi(\bar{t}, \bar{x} - qY) - \varphi(\bar{t}, \bar{x})] \right\} \geqslant 0,
$$

在 $V - \varphi$ 属于 $[0,T] \times \mathbb{R}$ 的每个满足 $V(\bar{t}, \bar{x}) = \varphi(\bar{t}, \bar{x})$ 的局部极大值点 $(\bar{t}, \bar{x}) \in [0,T] \times \mathbb{R}$ 上都有上式成立, 则 V 是式 (5.12) 在 $(t,x) \in [0,T] \times \mathbb{R}$ 上的黏性下解.

(2) 若对于任意 $\varphi \in C^{1,2}([0,T] \times \mathbb{R})$,

$$
\inf_{\eta \geqslant 0, q \geqslant 0} \left\{ \varphi_t(\bar{t}, \bar{x}) + \varphi_x(\bar{t}, \bar{x})[r(\bar{t})\bar{x} + \alpha a(\bar{t})\eta + (1-\alpha)\eta(r^-(\bar{t}) - r(\bar{t})) + c(\bar{t}) + c_1 q] \right.
$$
$$
+ \frac{1}{2}\varphi_{xx}(\bar{t}, \bar{x})\sigma(\bar{t})^2\alpha^2\eta^2 + \lambda_1 E[\varphi(\bar{t}, \bar{x} + \alpha\eta M) - \varphi(\bar{t}, \bar{x})]
$$
$$
\left. + \lambda_2 E[\varphi(\bar{t}, \bar{x} - qY) - \varphi(\bar{t}, \bar{x})] \right\} \leqslant 0,
$$

在 $V - \varphi$ 属于 $[0,T] \times \mathbb{R}$ 的每个满足 $V(\bar{t}, \bar{x}) = \varphi(\bar{t}, \bar{x})$ 的局部极小值点 $(\bar{t}, \bar{x}) \in [0,T] \times \mathbb{R}$ 上都有上式成立, 则 V 是式 (5.12) 在 $(t,x) \in [0,T] \times \mathbb{R}$ 上的黏性上解.

(3) 若对于式 (5.12) 中的 $(t,x) \in [0,T] \times \mathbb{R}$, V 既是黏性上解又是黏性下解, 则 V 是式 (5.12) 中 $(t,x) \in [0,T] \times \mathbb{R}$ 的黏性解.

我们将在以下定理中给出式 (5.12) 的连续可微黏性解.

定理 5.1 HJB 方程 (5.12) 的黏性解为

$$
V(t,x) = \begin{cases}
\frac{1}{2}e^{-\int_t^T \left[\frac{[\alpha a(s) + \alpha\lambda_1\mu_{11} + (1-\alpha)(r^-(s) - r(s))]^2}{\alpha^2[\sigma(s)^2 + \lambda_1\mu_{12}]} + \frac{(c_1 - \lambda_2\mu_{21})^2}{\lambda_2\mu_{22}} \right]ds} \\
\qquad \times \left\{ xe^{\int_t^T r(s)ds} + \int_t^T c(s)e^{\int_s^T r(z)dz}ds \right\}^2, \\
\qquad\qquad x + e^{-\int_t^T r(s)ds}\int_t^T c(s)e^{\int_s^T r(z)dz}ds < 0, \\
\frac{1}{2}\left\{ xe^{\int_t^T r(s)ds} + \int_t^T c(s)e^{\int_s^T r(z)dz}ds \right\}^2, \\
\qquad\qquad x + e^{-\int_t^T r(s)ds}\int_t^T c(s)e^{\int_s^T r(z)dz}ds \geqslant 0.
\end{cases} \tag{5.13}
$$

式 (5.12) 中第一个式子等号左边的最小值将在 $\pi^*(t,x) = (\eta^*(t,x), q^*(t,x))$ 处取得, 其中

$$
\eta^*(t,x) = \begin{cases}
-\dfrac{\alpha a(t) + \alpha\lambda_1\mu_{11} + (1-\alpha)(r^-(t)-r(t))}{\alpha^2[\sigma(t)^2 + \lambda_1\mu_{12}]} \\
\qquad \times \left[x + e^{-\int_t^T r(s)ds} \displaystyle\int_t^T c(s)e^{\int_s^T r(z)dz}ds \right], \\
\qquad\qquad x + e^{-\int_t^T r(s)ds}\displaystyle\int_t^T c(s)e^{\int_s^T r(z)dz}ds < 0, \\
0, \qquad x + e^{-\int_t^T r(s)ds}\displaystyle\int_t^T c(s)e^{\int_s^T r(z)dz}ds \geqslant 0,
\end{cases}
\tag{5.14}
$$

$$
q^*(t,x) = \begin{cases}
-\dfrac{c_1 - \lambda_2\mu_{21}}{\lambda_2\mu_{22}} \left[x + e^{-\int_t^T r(s)ds}\displaystyle\int_t^T c(s)e^{\int_s^T r(z)dz}ds \right], \\
\qquad\qquad x + e^{-\int_t^T r(s)ds}\displaystyle\int_t^T c(s)e^{\int_s^T r(z)dz}ds < 0, \\
0, \qquad x + e^{-\int_t^T r(s)ds}\displaystyle\int_t^T c(s)e^{\int_s^T r(z)dz}ds \geqslant 0.
\end{cases}
\tag{5.15}
$$

证明 假设 HJB 方程 (5.12) 有如下形式的解

$$
V(t,x) = \frac{1}{2}P(t)x^2 + Q(t)x + R(t).
\tag{5.16}
$$

式 (5.12) 的边界条件表明 $P(T) = 1$, $Q(T) = 0$ 以及 $R(T) = 0$. 将式 (5.16) 代入式 (5.12) 中可以得到

$$
\begin{aligned}
&\inf_\eta \left\{ \frac{1}{2}P(t)[\sigma(t)^2 + \lambda_1\mu_{12}]\alpha^2\eta^2 \right. \\
&\qquad \left. + [P(t)x + Q(t)][\alpha a(t) + \alpha\lambda_1\mu_{11} + (1-\alpha)(r^-(t)-r(t))]\eta \right\} \\
&\quad + \inf_q \left\{ \frac{1}{2}\lambda_2\mu_{22}P(t)q^2 + (c_1 - \lambda_2\mu_{21})[P(t)x + Q(t)]q \right\} \\
&\quad + \left[\frac{1}{2}P_t(t) + P(t)r(t) \right]x^2 + [Q_t(t) + Q(t)r(t) + P(t)c(t)]x \\
&\quad + R_t(t) + Q(t)c(t) = 0.
\end{aligned}
\tag{5.17}
$$

容易看出在没有 $\eta(\cdot) \geqslant 0$ 这一条件的限制下, 式 (5.17) 中等号左边 η 的最小值在下式取得

$$
\eta_0 := -\frac{[P(t)x + Q(t)][\alpha a(t) + \alpha\lambda_1\mu_{11} + (1-\alpha)(r^-(t)-r(t))]}{\alpha^2 P(t)[\sigma(t)^2 + \lambda_1\mu_{12}]}.
$$

没有 $q(\cdot) \geqslant 0$ 的限制, 式 (5.17) 中等号左边 q 的最小值在下式取得

$$q_0 := -\frac{(c_1 - \lambda_2\mu_{21})[P(t)x + Q(t)]}{\lambda_2\mu_{22}P(t)}.$$

接下来考虑以下两种情况: 情况 (a): $x + \dfrac{Q(t)}{P(t)} < 0$ (即 $\eta_0 > 0, q_0 > 0$) 以及情况 (b): $x + \dfrac{Q(t)}{P(t)} \geqslant 0$ (即 $\eta_0 \leqslant 0, q_0 \leqslant 0$).

情况 (a)　若 $x + \dfrac{Q(t)}{P(t)} < 0$ (即 $\eta_0 > 0, q_0 > 0$), 式 (5.17) 左边 η 和 q 的最小值在 $\eta^* = \eta_0$ 和 $q^* = q_0$ 处取得, 此时式 (5.17) 可化为

$$\left[\frac{1}{2}P_t(t) + P(t)r(t)\right]x^2 + [Q_t(t) + Q(t)r(t) + P(t)c(t)]x + R_t(t) + Q(t)c(t)$$
$$- \frac{[P(t)x + Q(t)]^2}{2P(t)}\left\{\frac{[\alpha a(t)+\alpha\lambda_1\mu_{11}+(1-\alpha)(r^-(t)-r(t))]^2}{\alpha^2[\sigma(t)^2+\lambda_1\mu_{12}]} + \frac{(c_1 - \lambda_2\mu_{21})^2}{\lambda_2\mu_{22}}\right\}$$
$$= 0.$$

由于上式对每个 t 和 x 都成立, 比较 x^2, x 和常数项的系数, 并且加入边界条件, 可以得到以下微分方程组

$$\begin{cases} P_t(t) = \left\{-2r(t) + \dfrac{[\alpha a(t) + \alpha\lambda_1\mu_{11} + (1-\alpha)(r^-(t) - r(t))]^2}{\alpha^2[\sigma(t)^2 + \lambda_1\mu_{12}]} \right. \\ \qquad\qquad \left. + \dfrac{(c_1 - \lambda_2\mu_{21})^2}{\lambda_2\mu_{22}}\right\}P(t), \\ P(T) = 1; \end{cases}$$

$$\begin{cases} Q_t(t) = \left\{-r(t) + \dfrac{[\alpha a(t) + \alpha\lambda_1\mu_{11} + (1-\alpha)(r^-(t) - r(t))]^2}{\alpha^2[\sigma(t)^2 + \lambda_1\mu_{12}]} \right. \\ \qquad\qquad \left. + \dfrac{(c_1 - \lambda_2\mu_{21})^2}{\lambda_2\mu_{22}}\right\}Q(t) - c(t)P(t), \\ Q(T) = 0; \end{cases}$$

$$\begin{cases} R_t(t) = -c(t)Q(t) + \dfrac{1}{2}\left\{\dfrac{[\alpha a(t) + \alpha\lambda_1\mu_{11} + (1-\alpha)(r^-(t) - r(t))]^2}{\alpha^2[\sigma(t)^2 + \lambda_1\mu_{12}]} \right. \\ \qquad\qquad \left. + \dfrac{(c_1 - \lambda_2\mu_{21})^2}{\lambda_2\mu_{22}}\right\}\dfrac{Q(t)^2}{P(t)}, \\ R(T) = 0. \end{cases}$$

通过求解这些微分方程组, 得到

$$
\begin{aligned}
P(t) =\exp\Bigg\{ & \int_t^T \Bigg[2r(s) - \frac{[\alpha a(s) + \alpha\lambda_1\mu_{11} + (1-\alpha)(r^-(s) - r(s))]^2}{\alpha^2[\sigma(s)^2 + \lambda_1\mu_{12}]} \\
& - \frac{(c_1 - \lambda_2\mu_{21})^2}{\lambda_2\mu_{22}} \Bigg] ds \Bigg\},
\end{aligned}
$$

$$
\begin{aligned}
Q(t) =\exp\Bigg\{ & \int_t^T \Bigg[r(s) - \frac{[\alpha a(s) + \alpha\lambda_1\mu_{11} + (1-\alpha)(r^-(s) - r(s))]^2}{\alpha^2[\sigma(s)^2 + \lambda_1\mu_{12}]} \\
& - \frac{(c_1 - \lambda_2\mu_{21})^2}{\lambda_2\mu_{22}} \Bigg] ds \Bigg\} \times \int_t^T c(s)e^{\int_s^T r(z)dz} ds,
\end{aligned}
$$

$$
\begin{aligned}
R(t) = & \int_t^T c(v)\exp\Bigg\{ \int_v^T \Bigg[r(s) - \frac{[\alpha a(s) + \alpha\lambda_1\mu_{11} + (1-\alpha)(r^-(s) - r(s))]^2}{\alpha^2[\sigma(s)^2 + \lambda_1\mu_{12}]} \\
& - \frac{(c_1 - \lambda_2\mu_{21})^2}{\lambda_2\mu_{22}} \Bigg] ds \Bigg\} \times \int_v^T c(s)e^{\int_s^T r(z)dz} ds\, dv \\
& - \frac{1}{2}\int_t^T \Bigg[\frac{[\alpha a(v) + \alpha\lambda_1\mu_{11} + (1-\alpha)(r^-(v) - r(v))]^2}{\alpha^2[\sigma(v)^2 + \lambda_1\mu_{12}]} + \frac{(c_1 - \lambda_2\mu_{21})^2}{\lambda_2\mu_{22}} \Bigg] \\
& \times e^{ -\int_v^T \Big[\frac{[\alpha a(s) + \alpha\lambda_1\mu_{11} + (1-\alpha)(r^-(s) - r(s))]^2}{\alpha^2[\sigma(s)^2 + \lambda_1\mu_{12}]} + \frac{(c_1 - \lambda_2\mu_{21})^2}{\lambda_2\mu_{22}} \Big] ds } \\
& \times \Bigg[\int_v^T c(s)e^{\int_s^T r(z)dz} ds \Bigg]^2 dv.
\end{aligned}
\tag{5.18}
$$

注意到

$$
x + \frac{Q(t)}{P(t)} = x + e^{-\int_t^T r(s)ds} \int_t^T c(s)e^{\int_s^T r(z)dz} ds,
$$

于是

$$
\begin{aligned}
\eta^*(t,x) = & -\frac{\alpha a(t) + \alpha\lambda_1\mu_{11} + (1-\alpha)(r^-(t) - r(t))}{\alpha^2[\sigma(t)^2 + \lambda_1\mu_{12}]} \\
& \times \Bigg[x + e^{-\int_t^T r(s)ds} \int_t^T c(s)e^{\int_s^T r(z)dz} ds \Bigg],
\end{aligned}
$$

$$
q^*(t,x) = -\frac{c_1 - \lambda_2\mu_{21}}{\lambda_2\mu_{22}} \Bigg[x + e^{-\int_t^T r(s)ds} \int_t^T c(s)e^{\int_s^T r(z)dz} ds \Bigg].
$$

将上述结果代入式 (5.16) 中并化简得到

$$
\begin{aligned}
V(t,x) = & \frac{1}{2} e^{ -\int_t^T \left\{ \frac{[\alpha a(s) + \alpha\lambda_1\mu_{11} + (1-\alpha)(r^-(s) - r(s))]^2}{\alpha^2[\sigma(s)^2 + \lambda_1\mu_{12}]} + \frac{(c_1 - \lambda_2\mu_{21})^2}{\lambda_2\mu_{22}} \right\} ds } \\
& \times \left\{ xe^{\int_t^T r(s)ds} + \int_t^T c(s)e^{\int_s^T r(z)dz} ds \right\}^2.
\end{aligned}
$$

情况 (b)　若 $x + \dfrac{Q(t)}{P(t)} \geqslant 0$ (即 $\eta_0 \leqslant 0, q_0 \leqslant 0$), 式 (5.17) 等号左边 η 和 q 的最小值在 $\eta^* = 0$ 和 $q^* = 0$ 处取得, 此时式 (5.17) 可化为

$$\left[\frac{1}{2}\widetilde{P}_t(t) + \widetilde{P}(t)r(t)\right]x^2 + \left[\widetilde{Q}_t(t) + \widetilde{Q}(t)r(t) + \widetilde{P}(t)c(t)\right]x + \widetilde{R}_t(t) + \widetilde{Q}(t)c(t) = 0.$$

由于上式对每个 t 和 x 都成立, 比较 x^2, x 和常数项的系数, 并且加入边界条件, 可以得到以下微分方程

$$\begin{cases} \widetilde{P}_t(t) = -2r(t)\widetilde{P}(t), \\ \widetilde{P}(T) = 1; \end{cases}$$

$$\begin{cases} \widetilde{Q}_t(t) = -r(t)\widetilde{Q}(t) - c(t)\widetilde{P}(t), \\ \widetilde{Q}(T) = 0; \end{cases}$$

$$\begin{cases} \widetilde{R}_t(t) = -c(t)\widetilde{Q}(t), \\ \widetilde{R}(T) = 0. \end{cases}$$

通过求解这些微分方程, 得到

$$\begin{aligned} \widetilde{P}(t) =& \exp\left\{\int_t^T 2r(s)ds\right\}, \\ \widetilde{Q}(t) =& \exp\left\{\int_t^T r(s)ds\right\}\int_t^T c(s)e^{\int_s^T r(z)dz}ds, \\ \widetilde{R}(t) =& \frac{1}{2}\left[\int_t^T c(s)e^{\int_s^T r(z)dz}ds\right]^2, \end{aligned} \tag{5.19}$$

以及

$$x + \frac{\widetilde{Q}(t)}{\widetilde{P}(t)} = x + e^{-\int_t^T r(s)ds}\int_t^T c(s)e^{\int_s^T r(z)dz}ds.$$

将上述结果代入式 (5.16) 中并化简得到

$$V(t,x) = \frac{1}{2}\left\{xe^{\int_t^T r(s)ds} + \int_t^T c(s)e^{\int_s^T r(z)dz}ds\right\}^2. \tag{5.20}$$

定义 (t, x) 平面上的域 Γ_1, Γ_2, Γ_3 如下:

$$\Gamma_1 := \left\{(t,x) \in [0,T] \times \mathbb{R} \,\bigg|\, x + e^{-\int_t^T r(s)ds}\int_t^T c(s)e^{\int_s^T r(z)dz}ds < 0\right\},$$

$$\Gamma_2 := \left\{(t,x) \in [0,T] \times \mathbb{R} \,\bigg|\, x + e^{-\int_t^T r(s)ds}\int_t^T c(s)e^{\int_s^T r(z)dz}ds > 0\right\},$$

$$\Gamma_3 := \left\{(t,x) \in [0,T] \times \mathbb{R} \,\bigg|\, x + e^{-\int_t^T r(s)ds}\int_t^T c(s)e^{\int_s^T r(z)dz}ds = 0\right\}.$$

在 Γ_1 和 Γ_2 中, $V(t,x)$ 对式 (5.12) 的导数是充分光滑的, 而 $V(t,x)$ 在区域 Γ_3 上是非光滑的, 下面对这一结论做出解释.

在 Γ_1 中, 有

$$V_t(t,x) = \frac{1}{2}P_t(t)x^2 + Q_t(t)x + R_t(t),$$

$$V_x(t,x) = P(t)x + Q(t),$$

$$V_{xx}(t,x) = P(t),$$

因此 $V(t,x) = \frac{1}{2}P(t)x^2 + Q(t)x + R(t)$ 充分光滑.

在 Γ_2 中, 有

$$V_t(t,x) = \frac{1}{2}\widetilde{P}_t(t)x^2 + \widetilde{Q}_t(t)x + \widetilde{R}_t(t),$$

$$V_x(t,x) = \widetilde{P}(t)x + \widetilde{Q}(t),$$

$$V_{xx}(t,x) = \widetilde{P}(t),$$

因此 $V(t,x) = \frac{1}{2}\widetilde{P}(t)x^2 + \widetilde{Q}(t)x + \widetilde{R}(t)$ 充分光滑.

在 Γ_3 上, 由于

$$V(t,x) = \frac{1}{2}P(t)x^2 + Q(t)x + R(t) = \frac{1}{2}\widetilde{P}(t)x^2 + \widetilde{Q}(t)x + \widetilde{R}(t) = 0,$$

故 $V(t,x)$ 在 Γ_3 上的任意点都是连续的, 同时有

$$\begin{cases} V_t(t,x) = \frac{1}{2}P_t(t)x^2 + Q_t(t)x + R_t(t) = \frac{1}{2}\widetilde{P}_t(t)x^2 + \widetilde{Q}_t(t)x + \widetilde{R}_t(t) = 0, \\ V_x(t,x) = P(t)x + Q(t) = \widetilde{P}(t)x + \widetilde{Q}(t) = 0. \end{cases}$$

故 $V(t,x)$ 在 Γ_3 上的任意点都是连续可微的. 然而 $V_{xx}(t,x)$ 在 Γ_3 上并不存在, 这是因为 $P(t) \neq \widetilde{P}(t)$. 这就表明 $V(t,x)$ 并不满足经典 HJB 方程 (5.12) 中所要求的光滑性条件. 所以 $V(t,x)$ 在式 (5.12) 中不存在通解, 需要求出其黏性解.

令 $\varphi \in C^{1,2}$ 使得 $V - \varphi$ 在 $(\bar{t}, \bar{x})$ 达到最大, 此时有 $V(\bar{t}, \bar{x}) = \varphi(\bar{t}, \bar{x})$.

若 $(\bar{t}, \bar{x}) \in \Gamma_1$(或者 Γ_2), 则

$$\varphi(\bar{t}, \bar{x}) = V(\bar{t}, \bar{x}), \quad \varphi_t(\bar{t}, \bar{x}) = V_t(\bar{t}, \bar{x}), \quad \varphi_x(\bar{t}, \bar{x}) = V_x(\bar{t}, \bar{x}),$$

以及 $\varphi_{xx}(\bar{t},\bar{x}) \geqslant V_{xx}(\bar{t},\bar{x})$. 因此在 HJB 方程 (5.12) 中用 φ 代替 V 得到

$$
\begin{aligned}
&\inf_{\eta\geqslant 0,q\geqslant 0}\Big\{ \varphi_t(\bar{t},\bar{x}) + \varphi_x(\bar{t},\bar{x})[r(\bar{t})\bar{x}+\alpha a(\bar{t})\eta+(1-\alpha)\eta(r^-(\bar{t})-r(\bar{t}))+c(\bar{t})+c_1 q] \\
&\quad +\frac{1}{2}\varphi_{xx}(\bar{t},\bar{x})\sigma(\bar{t})^2\alpha^2\eta^2 + \lambda_1 E[\varphi(\bar{t},\bar{x}+\alpha\eta M)-\varphi(\bar{t},\bar{x})] \\
&\quad +\lambda_2 E[\varphi(\bar{t},\bar{x}-qY)-\varphi(\bar{t},\bar{x})]\Big\} \\
&\geqslant \inf_{\eta\geqslant 0,q\geqslant 0}\Big\{ V_t(\bar{t},\bar{x}) + V_x(\bar{t},\bar{x})[r(\bar{t})\bar{x}+\alpha a(\bar{t})\eta+(1-\alpha)\eta(r^-(\bar{t})-r(\bar{t}))+c(\bar{t})+c_1 q] \\
&\quad +\frac{1}{2}V_{xx}(\bar{t},\bar{x})\sigma(\bar{t})^2\alpha^2\eta^2 + \lambda_1 E[V(\bar{t},\bar{x}+\alpha\eta M)-V(\bar{t},\bar{x})] \\
&\quad +\lambda_2 E[V(\bar{t},\bar{x}-qY)-V(\bar{t},\bar{x})]\Big\} \\
&= 0.
\end{aligned}
$$

上述不等式的成立是因为 $V(\bar{t},\bar{x}+\eta M)-\varphi(\bar{t},\bar{x}+\eta M) \leqslant 0$, $V(\bar{t},\bar{x}-qY)-\varphi(\bar{t},\bar{x}-qY) \leqslant 0$ 以及 $V_{xx}(\bar{t},\bar{x}) \leqslant \varphi_{xx}(\bar{t},\bar{x})$.

若 $(\bar{t},\bar{x}) \in \Gamma_3$, 则 $\varphi(\bar{t},\bar{x})=V(\bar{t},\bar{x})=0$, $\varphi_t(\bar{t},\bar{x})=V_t(\bar{t},\bar{x})=0$, $\varphi_x(\bar{t},\bar{x})=V_x(\bar{t},\bar{x})=0$ 以及 $\varphi_{xx}(\bar{t},\bar{x}) \geqslant \widetilde{P}(\bar{t})$. 因此在 HJB 方程 (5.12) 中用 φ 代替 V 得到

$$
\begin{aligned}
&\inf_{\eta\geqslant 0,q\geqslant 0}\Big\{ \varphi_t(\bar{t},\bar{x}) + \varphi_x(\bar{t},\bar{x})[r(\bar{t})\bar{x}+\alpha a(\bar{t})\eta+(1-\alpha)\eta(r^-(\bar{t})-r(\bar{t}))+c(\bar{t})+c_1 q] \\
&\quad +\frac{1}{2}\varphi_{xx}(\bar{t},\bar{x})\sigma(\bar{t})^2\alpha^2\eta^2 + \lambda_1 E[\varphi(\bar{t},\bar{x}+\alpha\eta M)-\varphi(\bar{t},\bar{x})] \\
&\quad +\lambda_2 E[\varphi(\bar{t},\bar{x}-qY)-\varphi(\bar{t},\bar{x})]\Big\} \\
&= \inf_{\eta\geqslant 0,q\geqslant 0}\Big\{ \frac{1}{2}\varphi_{xx}(\bar{t},\bar{x})\sigma(\bar{t})^2\alpha^2\eta^2 + \lambda_1 E[\varphi(\bar{t},\bar{x}+\alpha\eta M)] + \lambda_2 E[\varphi(\bar{t},\bar{x}-qY)]\Big\} \\
&\geqslant \inf_{\eta\geqslant 0,q\geqslant 0}\Big\{ \frac{1}{2}\widetilde{P}(\bar{t})\sigma(\bar{t})^2\alpha^2\eta^2 + \lambda_1 E[V(\bar{t},\bar{x}+\alpha\eta M)] + \lambda_2 E[V(\bar{t},\bar{x}-qY)]\Big\} \\
&= 0.
\end{aligned}
$$

因此 V 是 HJB 方程 (5.12) 的黏性下解. 类似地, 可以证明 V 是 HJB 方程 (5.12) 的黏性上解. 因此由定义可以得知, 式 (5.13) 给出的 V 是 HJB 方程 (5.12) 的黏性解. $\qquad\square$

5.3.2 验证定理

由于式 (5.13) 给出的函数是式 (5.12) 黏性意义的解, 因此经典的验证定理不再适用, 同时 Zhou 和 Yong (1997) 给出的验证定理适用于对应的 HJB 方程是二次微分方程的扩散模型. 因此, 它们的结果都不适用于我们的跳跃-扩散模型. 接下来受到 Bai 和 Zhang (2008) 的启发, 我们给出在黏性解 V 框架下的验证定理.

定理 5.2 *如果初始的资产 x 满足*

$$x + e^{-\int_t^T r(s)ds} \int_t^T c(s)e^{\int_s^T r(z)dz}ds \geqslant 0,$$

则对于初始时间 t, 问题 (5.10)—(5.11) 的最优投资和再保险策略为

$$\pi^*(s) = (\eta^*(s,x(s)), q^*(s,x(s))) = (0,0), \quad t \leqslant s < T.$$

如果初始的资产 x 满足

$$x + e^{-\int_t^T r(s)ds} \int_t^T c(s)e^{\int_s^T r(z)dz}ds < 0,$$

则对于初始时间 t, 问题 (5.10)—(5.11) 的最优投资和再保险策略为

$$\pi^*(s) = (\eta^*(s,x(s)), q^*(s,x(s))),$$

其中

$$\eta^*(s,x(s)) = \begin{cases} -\dfrac{\alpha a(s) + \alpha\lambda_1\mu_{11} + (1-\alpha)(r^-(s)-r(s))}{\alpha^2[\sigma(s)^2 + \lambda_1\mu_{12}]} \\ \quad \times \left[x^{\pi^*}(s) + e^{-\int_s^T r(z)dz}\int_s^T c(v)e^{\int_v^T r(z)dz}dv\right], & t \leqslant s < T \wedge \tau_{\pi^*}, \\ 0, & T \wedge \tau_{\pi^*} \leqslant s < T, \end{cases}$$

$$(5.21)$$

$$q^*(s,x(s)) = \begin{cases} -\dfrac{c_1 - \lambda_2\mu_{21}}{\lambda_2\mu_{22}} \times \left[x^{\pi^*}(s) + e^{-\int_s^T r(z)dz}\right. \\ \quad \left. \times \int_s^T c(v)e^{\int_v^T r(z)dz}dv\right], & t \leqslant s < T \wedge \tau_{\pi^*}, \\ 0, & T \wedge \tau_{\pi^*} \leqslant s < T, \end{cases}$$

$$(5.22)$$

$$\tau_{\pi^*} = \inf\left\{s \geqslant t : x^{\pi^*}(s) + e^{-\int_s^T r(z)dz}\int_s^T c(v)e^{\int_v^T r(z)dz}dv \geqslant 0\right\}. \quad (5.23)$$

同时, 最优值函数 $J(t,x)$ 满足 $J(t,x) = V(t,x)$, 其中 $V(t,x)$ 由式 (5.13) 给出.

证明   第一部分   如果初始的资产 x 满足

$$x + e^{-\int_t^T r(z)dz}\int_t^T c(s)e^{\int_s^T r(z)dz}ds = x + \int_t^T c(s)e^{-\int_t^s r(z)dz}ds \geqslant 0,$$

对于初始时间 t 定义

$$\pi^*(s) = (\eta^*(s), q^*(s)) = (0,0), \quad t \leqslant s < T,$$

对应的资产动态变化过程 $x^{\pi^*}(s)$ 由下式给出

$$dx^{\pi^*}(s) = r(s)x^{\pi^*}(s)ds + c(s)ds, \quad t \leqslant s < T.$$

我们将证明 π^* 是最优的, 易看出

$$x^{\pi^*}(s) = e^{\int_t^s r(z)dz}\left[x + \int_t^s c(u)e^{-\int_t^u r(z)dz}du\right],$$

则

$$x^{\pi^*}(T) = e^{\int_t^T r(z)dz}\left[x + \int_t^T c(u)e^{-\int_t^u r(z)dz}du\right] \geqslant 0. \qquad (5.24)$$

注意到 $x^{\pi^*}(s)$ 满足

$$x^{\pi^*}(s) + \int_s^T c(u)e^{-\int_s^u r(z)dz}du$$

$$= e^{\int_t^s r(z)dz}\left[x + \int_t^T c(u)e^{-\int_t^u r(z)dz}du\right] \geqslant 0, \quad t \leqslant s \leqslant T.$$

对任意可行策略 $\pi(s) = (\eta(s), q(s))$, 只要满足对 $\zeta(s) > 0$ 有 $E\left[\int_t^T \zeta(s)\eta(s)ds\right]$ > 0 或者 $E\left[\int_t^T q(s)ds\right] > 0$, 则有

$$dx^\pi(s) = \left[r(s)x^\pi(t) + \alpha a(s)\eta(s) + (1-\alpha)\eta(s)(r^-(s) - r(s)) + c(s) + c_1 q(s)\right]ds$$

$$+ \alpha\eta(s)\sigma(s)dW(s) + \alpha\eta(s)d\sum_{i=1}^{N_1(s)} M_i - d\sum_{i=1}^{N_2(s)} q(\widehat{T}_i)Y_i.$$

由于 $\alpha a(s) + (1-\alpha)(r^-(s) - r(s)) > 0$, $\sigma(s) > 0$, $\mu_{11} > 0$, $c_1 > \lambda\mu_1$, $E\left[\int_t^T \zeta(s)\eta(s)ds\right]$ > 0 以及 $E\left[\int_t^T q(s)ds\right] > 0$, 可以得到 $E[x^\pi(T)] > E[x^{\pi^*}(T)] = x^{\pi^*}(T) \geqslant 0$. 因此

$$E\{[x^\pi(T)]^2\} \geqslant [E[x^\pi(T)]]^2 > [E[x^{\pi^*}(T)]]^2 = E\{[x^{\pi^*}(T)]^2\},$$

这表明 π^* 是问题 (5.10)—(5.11) 的最优解.

由式 (5.19), 式 (5.20) 以及式 (5.24), 得到

$$
\begin{aligned}
J(t,x) &= \frac{1}{2} E\left\{ \left[x^{\pi^*}(T) \right]^2 \right\} \\
&= \frac{1}{2} \left[x e^{\int_t^T r(s)ds} + \int_t^T c(s) e^{\int_s^T r(z)dz} ds \right]^2 \\
&= \frac{1}{2} \widetilde{P}(t) x^2 + \widetilde{Q}(t) x + \widetilde{R}(t) \\
&= V(t,x),
\end{aligned}
$$

因此 $J(t,x) = V(t,x)$.

第二部分 如果初始资产 x 满足

$$
x + e^{-\int_t^T r(z)dz} \int_t^T c(s) e^{\int_s^T r(z)dz} ds = x + \int_t^T c(s) e^{-\int_t^s r(z)dz} ds < 0,
$$

对于初始时间 t, 令 π 表示任意可行策略. 定义一个新策略为

$$
\widetilde{\pi} := (\widetilde{\eta}, \widetilde{q}) = \begin{cases} \pi, & t \leqslant s < T \wedge \tau_\pi, \\ (0,0), & T \wedge \tau_\pi \leqslant s < T, \end{cases}
$$

其中

$$
\tau_\pi := \inf\left\{ s \geqslant t : x^\pi(s) + e^{-\int_s^T r(z)dz} \int_s^T c(v) e^{\int_v^T r(z)dz} dv \geqslant 0 \right\}.
$$

由第一部分的分析和 $\widetilde{\pi}$ 的定义可以看出

$$
E\left\{ [x^\pi(T)]^2 \big| x^\pi(t) = x \right\} \geqslant E\left\{ [x^{\widetilde{\pi}}(T)]^2 \big| x^{\widetilde{\pi}}(t) = x \right\}.
$$

因此, 可以根据策略 $\widetilde{\pi}$ 的种类来限制优化问题在 $\widetilde{\pi}(s) = (0,0), (T \wedge \tau_{\widetilde{\pi}}) \leqslant s < T$ 的范围内, 其中

$$
\tau_{\widetilde{\pi}} = \inf\left\{ s \geqslant t : x^{\widetilde{\pi}}(s) + e^{-\int_s^T r(z)dz} \int_s^T c(v) e^{\int_v^T r(z)dz} dv \geqslant 0 \right\}.
$$

令 Π' 表示所有这样的策略. 那么对于 $\widetilde{\pi} \in \Pi'$, 利用 Itô 公式有

$$
\begin{aligned}
&V(T \wedge \tau_{\widetilde{\pi}}, x^{\widetilde{\pi}}(T \wedge \tau_{\widetilde{\pi}})) \\
&= V(t,x) + \int_t^{T \wedge \tau_{\widetilde{\pi}}} \big\{ V_s(s, x^{\widetilde{\pi}}(s)) + [r(s)x^{\widetilde{\pi}}(s) \\
&\quad + \alpha a(s)\widetilde{\eta}(s) + (1-\alpha)a(s)\widetilde{\eta}(s)(r^-(s) - r(s)) + c(s) + c_1 \widetilde{q}(s)] V_x(s, x^{\widetilde{\pi}}(s)) \big\} ds
\end{aligned}
$$

$$+ \sum_{i=N_1(t)+1}^{N_1(T \wedge \tau_{\widetilde{\pi}})} \left[V(T_i, x^{\widetilde{\pi}}(T_i)) - V(T_i, x^{\widetilde{\pi}}(T_i-)) \right]$$

$$+ \sum_{i=N_2(t)+1}^{N_2(T \wedge \tau_{\widetilde{\pi}})} \left[V(\widehat{T}_i, x^{\widetilde{\pi}}(\widehat{T}_i)) - V(\widehat{T}_i, x^{\widetilde{\pi}}(\widehat{T}_i-)) \right]$$

$$+ \int_t^{T \wedge \tau_{\widetilde{\pi}}} \alpha \widetilde{\eta}(s) \sigma(s) V_x(s, x^{\widetilde{\pi}}(s)) dW(s) + \frac{1}{2} \int_t^{T \wedge \tau_{\widetilde{\pi}}} \alpha^2 \widetilde{\eta}(s)^2 \sigma(s)^2 V_{xx}(s, x^{\widetilde{\pi}}(s)) ds.$$

由于 $V(t, x)$ 满足 HJB 方程 (5.12), 有

$$V_s(s, x^{\widetilde{\pi}}(s)) + \frac{1}{2} \alpha^2 \widetilde{\eta}(s)^2 \sigma(s)^2 V_{xx}(s, x^{\widetilde{\pi}}(s)) + [r(s) x^{\widetilde{\pi}}(s) + \alpha a(s) \widetilde{\eta}(s)$$

$$+ (1-\alpha) a(s) \widetilde{\eta}(s) (r^-(s) - r(s)) + c(s) + c_1 \widetilde{q}(s)] V_x(s, x^{\widetilde{\pi}}(s))$$

$$\geqslant \lambda_1 \int_{-\infty}^{+\infty} \left[V(s, x^{\widetilde{\pi}}(s)) - V(s, x^{\widetilde{\pi}}(s) + \alpha \widetilde{\eta}(s) y) \right] dF_M(y)$$

$$+ \lambda_2 \int_{-\infty}^{+\infty} \left[V(s, x^{\widetilde{\pi}}(s)) - V(s, x^{\widetilde{\pi}}(s) - \widetilde{q}(s) y) \right] dF_Y(y),$$

则

$$\frac{1}{2} \left[x^{\widetilde{\pi}}(T) \right]^2 1_{T < \tau_{\widetilde{\pi}}} + V(\tau_{\widetilde{\pi}}, x^{\widetilde{\pi}}(\tau_{\widetilde{\pi}})) 1_{T \geqslant \tau_{\widetilde{\pi}}}$$

$$\geqslant V(t, x) + \int_t^{T \wedge \tau_{\widetilde{\pi}}} \alpha \widetilde{\eta}(s) \sigma(s) V_x(s, x^{\widetilde{\pi}}(s)) dW(s)$$

$$+ \sum_{i=N_1(t)+1}^{N_1(T \wedge \tau_{\widetilde{\pi}})} \left[V(T_i, x^{\widetilde{\pi}}(T_i)) - V(T_i, x^{\widetilde{\pi}}(T_i-)) \right]$$

$$+ \lambda_1 \int_t^{T \wedge \tau_{\widetilde{\pi}}} \int_{-\infty}^{\infty} \left[V(s, x^{\widetilde{\pi}}(s)) - V(s, x^{\widetilde{\pi}}(s) + \alpha \widetilde{\eta}(s) y) \right] dF_M(y) ds$$

$$+ \sum_{i=N_2(t)+1}^{N_2(T \wedge \tau_{\widetilde{\pi}})} \left[V(\widehat{T}_i, x^{\widetilde{\pi}}(\widehat{T}_i)) - V(\widehat{T}_i, x^{\widetilde{\pi}}(\widehat{T}_i-)) \right]$$

$$+ \lambda_2 \int_t^{T \wedge \tau_{\widetilde{\pi}}} \int_{-\infty}^{\infty} \left[V(s, x^{\widetilde{\pi}}(s)) - V(s, x^{\widetilde{\pi}}(s) - \widetilde{q}(s) y) \right] dF_Y(y) ds, \qquad (5.25)$$

其中 $1_{T < \tau_{\widetilde{\pi}}}$ 为示性函数. 由文献 (Brémaud, 1981) 可知

$$\int_0^t \widetilde{\eta}(s) \sigma(s) V_x(s, x^{\widetilde{\pi}}(s)) dW(s)$$

$$+ \sum_{i=0}^{N_1(t)} \left[V(T_i, x^{\widetilde{\pi}}(T_i)) - V(T_i, x^{\widetilde{\pi}}(T_i-)) \right]$$

$$+\lambda_1 \int_0^t \int_{-\infty}^{\infty} \left[V\big(s, x^{\widetilde{\pi}}(s)\big) - V\big(s, x^{\widetilde{\pi}}(s) + \widetilde{\eta}(s)y\big)\right] dF_M(y)ds$$

$$+\sum_{i=0}^{N_2(t)} \left[V\big(\widehat{T}_i, x^{\widetilde{\pi}}(\widehat{T}_i)\big) - V\big(\widehat{T}_i, x^{\widetilde{\pi}}(\widehat{T}_i-)\big)\right]$$

$$+\lambda_2 \int_0^t \int_{-\infty}^{\infty} \left[V\big(s, x^{\widetilde{\pi}}(s)\big) - V\big(s, x^{\widetilde{\pi}}(s) - \widetilde{q}(s)y\big)\right] dF_Y(y)ds$$

为鞅, 对于不等式 (5.25) 两边分别求期望可以得到

$$\frac{1}{2}E\left\{[x^{\widetilde{\pi}}(T)]^2 1_{T < \tau_{\widetilde{\pi}}}\right\} + E\left[V\big(\tau_{\widetilde{\pi}}, x^{\widetilde{\pi}}(\tau_{\widetilde{\pi}})\big) 1_{T \geqslant \tau_{\widetilde{\pi}}}\right] \geqslant V(t, x).$$

由于 $E\left[V\big(\tau_{\widetilde{\pi}}, x^{\widetilde{\pi}}(\tau_{\widetilde{\pi}})\big) 1_{T \geqslant \tau_{\widetilde{\pi}}}\right] = 0$, 则

$$\frac{1}{2}E\left\{[x^{\widetilde{\pi}}(T)]^2\right\} = \frac{1}{2}E\left\{[x^{\widetilde{\pi}}(T)]^2 1_{T < \tau_{\widetilde{\pi}}}\right\} + \frac{1}{2}E\left\{[x^{\widetilde{\pi}}(T)]^2 1_{T \geqslant \tau_{\widetilde{\pi}}}\right\} \geqslant V(t, x),$$

这表明 $J(t, x) \geqslant V(t, x)$. 对于最优策略 π^*, 不等式变为等式, 即 $\frac{1}{2}E\big\{[x^{\pi^*}(T)]^2\big\} = V(t, x)$, 因此 $J(t, x) \leqslant V(t, x)$. 综上所述, 可以得到 $J(t, x) = V(t, x)$. □

5.3.3 有效策略和有效前沿

在这一小节中, 将之前部分推出的结果应用到均值-方差问题中, 从而得到问题 (5.5) 的有效前沿和有效策略.

在式 (5.10) 中, 令 $x(t) = X(t) - (k - \beta)$ 则 $X(t) = x(t) + (k - \beta)$, $X(0) = x(0) + (k - \beta)$ 和 $c(t) = c - c_1 + (k - \beta)r(t)$, 就能由式 (5.10) 得到式 (5.3). 注意到

$$E\left\{\frac{1}{2}[x(T)]^2\right\} = E\left\{\frac{1}{2}[X(T) - (k - \beta)]^2\right\}$$

$$= E\left\{\frac{1}{2}[X(T) - k]^2\right\} + \beta[EX(T) - k] + \frac{1}{2}\beta^2.$$

因此对于每个固定的 β, 有

$$\min_{\pi \in \widetilde{\Pi}} E\left\{\frac{1}{2}[X(T) - k]^2\right\} + \beta[EX(T) - k]$$

$$= \min_{\pi \in \widetilde{\Pi}} E\left[\frac{1}{2}(x(T))^2\right] - \frac{1}{2}\beta^2$$

$$= V(0, x(0)) - \frac{1}{2}\beta^2.$$

由于在式 (5.14) 和式 (5.15) 中有 $c(s) = c - c_1 + (k - \beta)r(s)$, 方差最小策略可化为 $\pi^*(t, X(t)) = (\eta^*(t, X(t)), q^*(t, X(t)))$, 其中

$$
\eta^*(t, X(t)) = \begin{cases}
-\dfrac{\alpha a(t) + \alpha\lambda_1\mu_{11} + (1-\alpha)(r^-(t) - r(t))}{\alpha^2[\sigma(t)^2 + \lambda_1\mu_{12}]} \\
\quad \times \left[X(t) - (k-\beta)e^{-\int_t^T r(s)ds} + (c-c_1)\int_t^T e^{-\int_t^s r(z)dz}ds \right], \\
\qquad X(t) - (k-\beta)e^{-\int_t^T r(s)ds} + (c-c_1)\int_t^T e^{-\int_t^s r(z)dz}ds < 0, \\
0, \qquad X(t) - (k-\beta)e^{-\int_t^T r(s)ds} + (c-c_1)\int_t^T e^{-\int_t^s r(z)dz}ds \geqslant 0,
\end{cases}
$$

$$(5.26)$$

$$
q^*(t, X(t)) = \begin{cases}
-\dfrac{c_1 - \lambda_2\mu_{21}}{\lambda_2\mu_{22}}\left[X(t) - (k-\beta)e^{-\int_t^T r(s)ds} + (c-c_1)\int_t^T e^{-\int_t^s r(z)dz}ds \right], \\
\qquad X(t) - (k-\beta)e^{-\int_t^T r(s)ds} + (c-c_1)\int_t^T e^{-\int_t^s r(z)dz}ds < 0, \\
0, \qquad X(t) - (k-\beta)e^{-\int_t^T r(s)ds} + (c-c_1)\int_t^T e^{-\int_t^s r(z)dz}ds \geqslant 0.
\end{cases}
$$

$$(5.27)$$

因此, 得到最优值为

$$
\min_{\pi\in\widetilde{\Pi}} E[X(T) - k]^2 + 2\beta[EX(T) - k]
$$

$$
= 2V(0, x(0)) - \beta^2
$$

$$
= \begin{cases}
\exp\left\{ -\int_0^T \left[\dfrac{[\alpha a(s) + \alpha\lambda_1\mu_{11} + (1-\alpha)(r^-(s) - r(s))]^2}{\alpha^2[\sigma(s)^2 + \lambda_1\mu_{12}]} + \dfrac{(c_1 - \lambda_2\mu_{21})^2}{\lambda_2\mu_{22}} \right]ds \right\} \\
\quad \times \left\{ e^{\int_0^T r(s)ds}[X_0 - (k-\beta)] + \int_0^T [c - c_1 + (k-\beta)r(s)]e^{\int_s^T r(z)dz}ds \right\}^2 - \beta^2, \\
\qquad X_0 - (k-\beta)e^{-\int_0^T r(s)ds} + (c-c_1)\int_0^T e^{-\int_0^s r(z)dz}ds < 0, \\
\left\{ [X_0 - (k-\beta)]e^{\int_0^T r(s)ds} + \int_0^T [c - c_1 + (k-\beta)r(s)]e^{\int_s^T r(z)dz}ds \right\}^2 - \beta^2, \\
\qquad X_0 - (k-\beta)e^{-\int_0^T r(s)ds} + (c-c_1)\int_0^T e^{-\int_0^s r(z)dz}ds \geqslant 0.
\end{cases}
$$

注意到上述值取决于 β, 不妨记作 $\widetilde{W}(\beta)$. 通过计算可以得到 $\widetilde{W}(\beta)$ 的最大值为

$$
\widetilde{W}(\beta^*)
$$

$$
= \frac{\left[X_0 e^{\int_0^T r(s)ds} + (c - c_1)\int_0^T e^{\int_v^T r(s)ds}dv - k \right]^2}{\exp\left\{ \int_0^T \left[\dfrac{[\alpha a(s) + \alpha\lambda_1\mu_{11} + (1-\alpha)(r^-(s) - r(s))]^2}{\alpha^2[\sigma(s)^2 + \lambda_1\mu_{12}]} + \dfrac{(c_1 - \lambda_2\mu_{21})^2}{\lambda_2\mu_{22}} \right]ds \right\} - 1},
$$

并且在 β 满足下述条件时取得

$$\beta^* = \frac{X_0 e^{\int_0^T r(s)ds} + (c - c_1) \int_0^T e^{\int_v^T r(s)ds} dv - k}{\exp\left\{ \int_0^T \left[\frac{[\alpha a(s) + \alpha\lambda_1\mu_{11} + (1-\alpha)(r^-(s) - r(s))]^2}{\alpha^2[\sigma(s)^2 + \lambda_1\mu_{12}]} + \frac{(c_1 - \lambda_2\mu_{21})^2}{\lambda_2\mu_{22}} \right] ds \right\} - 1}.$$

通过上述讨论, 可以推出以下定理.

定理 5.3 当初始时间为 t, 初始资产为 $X(t)$ 时, 假设最终期望资产为 $EX(T) = k$, 则问题 (5.6) 对应的方差最小投资组合为 $\pi^*(t, X(t)) = (\eta^*(t, X(t)),$ $q^*(t, X(t)))$, 其中 $\eta^*(t, X(t))$ 和 $q^*(t, X(t))$ 由式 (5.26) 和式 (5.27) 分别给出, β 应当被 β^* 所代替. 进一步可得到方差最小边界

$$\mathrm{Var}[X(T)]$$
$$= \frac{\left[X_0 e^{\int_0^T r(s)ds} + (c - c_1) \int_0^T e^{\int_v^T r(s)ds} dv - EX(T)\right]^2}{\exp\left\{ \int_0^T \left[\frac{[\alpha a(s) + \alpha\lambda_1\mu_{11} + (1-\alpha)(r^-(s) - r(s))]^2}{\alpha^2[\sigma(s)^2 + \lambda_1\mu_{12}]} + \frac{(c_1 - \lambda_2\mu_{21})^2}{\lambda_2\mu_{22}} \right] ds \right\} - 1}.$$
$$(5.28)$$

注解 5.1 当 $\alpha = 1$ 时, 原模型将退化为不加监管的模型, 此时对模型的影响将在第 6 章的数值例子中作出充分对比.

可以由定理 5.3 得到有效策略和有效前沿.

定理 5.4

$$EX(T) \geqslant X_0 e^{\int_0^T r(s)ds} + (c - c_1) \int_0^T e^{\int_v^T r(s)ds} dv,$$

对应的问题 (5.5) 的有效边界由式 (5.28) 给出. 同时, 有效策略 (即最优投资策略)是

$$EX(T) \geqslant X_0 e^{\int_0^T r(s)ds} + (c - c_1) \int_0^T e^{\int_v^T r(s)ds} dv$$

对应的方差最小策略.

证明 若策略 π_1 满足

$$EX^{\pi_1}(T) < X_0 e^{\int_0^T r(s)ds} + (c - c_1) \int_0^T e^{\int_v^T r(s)ds} dv,$$

可以由式 (5.28) 得到 π_2 满足 $\mathrm{Var}[X^{\pi_1}(T)] = \mathrm{Var}[X^{\pi_2}(T)]$ 且

$$EX^{\pi_2}(T) = 2\left[X_0 e^{\int_0^T r(s)ds} + (c - c_1)\int_0^T e^{\int_v^T r(s)ds}dv\right] - EX^{\pi_1}(T)$$

$$> X_0 e^{\int_0^T r(s)ds} + (c - c_1)\int_0^T e^{\int_v^T r(s)ds}dv > EX^{\pi_1}(T),$$

这说明对于

$$EX(T) < X_0 e^{\int_0^T r(s)ds} + (c - c_1)\int_0^T e^{\int_v^T r(s)ds}dv,$$

$\mathrm{Var}[X(T)]$ 是严格递减的, 且对于

$$EX(T) \geqslant X_0 e^{\int_0^T r(s)ds} + (c - c_1)\int_0^T e^{\int_v^T r(s)ds}dv,$$

$\mathrm{Var}[X(T)]$ 是严格递增的. 这说明 π_1 不是均值-方差最优策略, 而 π_2 才是.   □

5.4 均值-方差最优投资-再保险模型应用

本节通过一些具体的数值例子来分析结果.

令 $X_0 = 10$, $T = 1$, $r(t) \equiv 0.04$, $a(t) \equiv 0.03$, $\sigma(t) \equiv 0.05$, $c = 0.4$, $\mu_{11} = 0.03$, $\mu_{12} = 0.0015$, $\lambda_2 = 3$, $\mu_{21} = 0.1$, $\mu_{22} = 0.02$.

例 5.1   令 $\alpha = 0.9$, $c_1 = 0.35$, λ_1 分别取 0.8, 1.0 和 1.2, 则式 (5.5) 的有效前沿如图 5.1 所示, 其中抛物线的上半部分是有效前沿, 整条抛物线是方差最小前沿. 由图 5.1 可知当 $\mathrm{Var}[X(T)]$ 固定时, λ_1 越大则 $EX(T)$ 越大, 并且当 $\mathrm{Var}[X(T)]$ 足够小时不够明显.

例 5.2   令 $\alpha = 0.9$, $\lambda_1 = 1.0$, c_1 分别取 $0.35(< c)$, $0.40(= c)$ 和 $0.45(> c)$, 则式 (5.5) 的有效前沿如图 5.2 所示, 其中抛物线的上半部分是有效前沿, 整条抛物线是方差最小前沿. 由图 5.2 可知当 $\mathrm{Var}[X(T)]$ 足够小时, 对于同样的 $\mathrm{Var}[X(T)]$ 值, c_1 越小则 $EX(T)$ 越大. 然而随着 $\mathrm{Var}[X(T)]$ 值的增加, 结论正好相反.

例 5.3   令 $c_1 = 0.35$, $\lambda_1 = 1.0$, α 分别取 0.5, 0.7 和 0.9, 则式 (5.5) 的有效前沿如图 5.3 所示, 其中抛物线的上半部分是有效前沿, 整条抛物线是方差最小前沿. 由图 5.3 可知当 $\mathrm{Var}[X(T)]$ 固定时, α 越大则 $EX(T)$ 越大, 并且当 $\mathrm{Var}[X(T)]$ 足够小时不够明显.

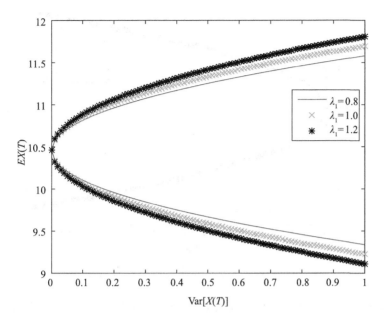

图 5.1 对于不同的 λ_1, 问题 (5.5) 的有效前沿

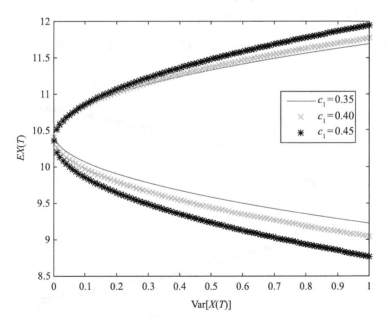

图 5.2 对于不同的 c_1, 问题 (5.5) 的有效前沿

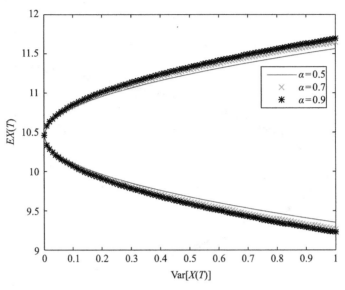

图 5.3　对于不同的 α, 问题 (5.5) 的有效前沿

例 5.4　令 $c_1 = 0.35$, $\lambda_1 = 1.0$, α 分别取 0.6 和 1 (此时模型退化为不存在监管时的模型), 则式 (5.5) 的有效前沿如图 5.4 所示, 其中抛物线的上半部分是有效前沿, 整条抛物线是方差最小前沿. 由图 5.4 可知当 $\mathrm{Var}[X(T)]$ 固定时, 存在监管 ($\alpha = 0.6$) 比不存在监管 ($\alpha = 1$) 时, 期望收益 $EX(T)$ 会有所下降.

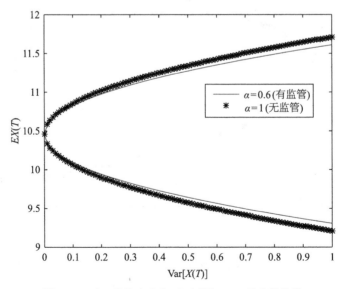

图 5.4　对于监管存在与否, 问题 (5.5) 的有效前沿

5.5 总 结

本章利用随机线性二次控制理论以及 HJB 方程的方法考虑了在新巴塞尔协议监管下, 在跳跃-扩散金融市场中, 保险人的均值-方差最优投资和再保险问题. 本章今后还能在以下方面进行拓展延伸. 首先, 金融市场的参数可以由确定函数变为随机过程, 此时给出有效前沿和有效策略的表达式会变得更加困难; 其次, 可以在本章所建模型的基础上加入更多的限制条件, 比如不允许破产的限制, 以求模型更贴近于实际情况.

第 6 章　　相依风险模型中保险人的
最优投资-再保险策略

本章主要研究了相依风险模型中两种保费准则下保险人的最优投资-再保险问题,而且两类理赔过程通过一个共同的索赔过程产生相依性. 在方差保费准则和期望保费准则下,优化的目标是最大化终端财富的期望效用函数,在已知最优策略的存在性和唯一性的情况下,求解出最优策略的显式表达式,给出值函数. 事实上,我们发现,最优风险投资策略与最优再保险策略是完全独立的,而且,在两种保费准则下,投资策略在两个模型中却是相同的.

6.1　引　　言

由于已经有许多文献致力于研究单一险种或两个相互独立险种的最优比例再保险问题,在本章中,我们着重研究具有相依性的两个险种的问题,它们在理赔计数过程中有一部分共同的作用. 研究相依风险可参考文献 (Yuen et al., 2015 以及 Liang and Yuen, 2016). 另一方面,在解决投资-再保险问题时,许多人对同时考虑风险投资和无风险投资感兴趣,因此我们决定同时研究风险投资和无风险投资的最优策略,以及研究投资策略和再保险策略之间是否存在一些关系. 在最大化终端财富价值的期望效用这个目标函数下,比较在两种保费准则 (方差保费准则和期望保费准则下),最优策略的不同之处. 通过随机最优控制理论中的 HJB 方法,我们可以计算出最优策略的显式表达式,以及复合泊松模型和扩散模型下的值函数.

本章研究的投资-再保险问题是针对两个相依险种和两种投资类型在两种保费准则下的,计算出在各种情况下的策略表达式和值函数,并且发现在以上条件下,投资策略与再保险策略是完全独立的. 本章余下部分见如下安排:6.2 节给出了本章的模型. 6.3 节在期望保费准则下,推导出扩散风险模型的最优策略,并给出最优策略的显式表达式. 6.4 节在方差保费准则下,推导出扩散风险模型的最优策略, 并给出最优策略的显式表达式. 6.5 节总结了本章的主要结论.

6.2　模　　型

假设某保险公司有两类相依的保险业务, 如汽车保险和人寿保险. 令 $X_{i\{i\geqslant 1\}}$ 表示第一种保险业务的理赔额的随机变量, 它们相互独立且具有相同的分布函数 $F_X(x)$, 令 $Y_{i\{i\geqslant 1\}}$ 表示第二种保险业务的理赔额的随机变量, 它们也相互独立且具有相同的分布函数 $F_Y(y)$. 分别用 $\mu_1 = E(X_i)$ 和 $\mu_2 = E(Y_i)$ 表示它们的均值. 假设当 $x \leqslant 0$ 时, 有 $F_X(x) = 0$; 当 $y \leqslant 0$ 时, 有 $F_Y(y) = 0$; 当 $x > 0$ 时, $0 < F_X(x) \leqslant 1$; 当 $y > 0$ 时, $0 < F_Y(y) \leqslant 1$. 同时, 它们的矩母函数 $M_X(r)$ 和 $M_Y(r)$ 都存在. 两个险种的累积理赔过程分别由下式表示

$$S_1(t) = \sum_{i=1}^{L_1(t)} X_i$$

和

$$S_2(t) = \sum_{i=1}^{L_2(t)} Y_i,$$

其中 $L_i(t)$ $(i = 1, 2)$ 表示第 i 个险种的理赔计数过程. 假设 X_i 和 Y_i 是相依的理赔额随机变量, 则 $L_1(t)$ 和 $L_2(t)$ 也是相依的. 两个理赔计数过程的相依性有如下的关系:

$$L_1(t) = N_1(t) + N(t)$$

和

$$L_2(t) = N_2(t) + N(t),$$

其中 $N_1(t)$, $N_2(t)$ 和 $N(t)$ 是三个独立的泊松过程, 分别对应参数 λ_1, λ_2 和 λ. 因此, 两个相依险种的累积理赔过程可以表达为

$$S_t = \sum_{i=1}^{N_1(t)+N(t)} X_i + \sum_{i=1}^{N_2(t)+N(t)} Y_i.$$

假设对任意的 $0 < r < \zeta$, $E(Xe^{rX}) = M_X'(r)$ 和 $E(Ye^{rY}) = M_Y'(r)$ 都存在, 而且, 对某个 $0 < \zeta \leqslant \infty$, 有 $\lim_{r\to\zeta} E(Xe^{rX})$ 和 $\lim_{r\to\zeta} E(Ye^{rY})$ 都趋于 ∞. 很显然, 两个险种的相依性是由共同的理赔计数过程 $N(t)$ 产生的.

我们考虑金融市场, 在有限的时间区间 $[0, T]$ 内, 资产可以连续交易. 在这个金融市场里, 有无风险资产 (假设为债券) 和风险资产 (假设为股票). 债券的价格由此给出

$$\begin{cases} dB(t) = rB(t)dt, & t \in [0, T], \\ B(0) = 1, \end{cases}$$

其中 $r(>0)$ 表示债券的利率.

股票的价格由以下的过程给出

$$\begin{cases} dS(t) = S(t) \left[bdt + \sigma_1 dW(t) \right], & t \in [0, T], \\ S(0) = s_0, \end{cases} \tag{6.1}$$

其中 $b(>r)$ 表示漂移率, 并且 $\sigma_1 > 0$ 表示波动率. 将 a 定义为 $a := b - r > 0$. $\{W(t)\}_{t \geqslant 0}$ 是标准布朗运动. 假设 r, b 和 σ_1 都是确定的.

一如惯例, 我们定义保险公司的盈余过程为

$$R_t = u + ct - S_t,$$

其中 u 表示初始盈余, c 是保费率. 此外, 允许保险公司连续不断地以一定比例进行保险业务的再保险, 分别用 $q_{1t} \in [0, 1]$ 和 $q_{2t} \in [0, 1]$ 表示险种 X_i 和 Y_i 的自留比例. 令在 t 时刻的再保险费率为 $\delta(q_{1t}, q_{2t})$. 同时, 保险公司将 p_{1t} 进行风险投资, 剩下的部分进行无风险投资, 并且 $p_{1t} \geqslant 0$ 意味着风险资产禁止卖空. 令 $R_t^{p_1, q_1, q_2}$ 表示相关盈余过程, 它表示保险人在 t 时刻策略 (p_{1t}, q_{1t}, q_{2t}) 下的财富价值. 这个过程可以推导为

$$\begin{aligned} dR_t^{p_1, q_1, q_2} = & \left[rR_t^{p_1, q_1, q_2} + ap_{1t} + (c - \delta(q_{1t}, q_{2t})) \right] dt \\ & + p_{1t} \sigma_1 dW(t) - q_{1t} dS_1(t) - q_{2t} dS_2(t). \end{aligned} \tag{6.2}$$

我们已经知道布朗运动风险模型可有如下表示

$$\widehat{S}_1(t) = a_1 t - \sigma_2 B_{1t},$$

其中 $a_1 = (\lambda_1 + \lambda)E(X)$, $\sigma_2^2 = (\lambda_1 + \lambda)E(X^2)$, 表示利用 $\widehat{S}_1(t)$ 扩散近似复合泊松过程 $S_1(t)$. 类似地,

$$\widehat{S}_2(t) = a_2 t - \sigma_3 B_{2t},$$

其中 $a_2 = (\lambda_2 + \lambda)E(Y)$, $\sigma_3^2 = (\lambda_2 + \lambda)E(Y^2)$, 表示利用 $\widehat{S}_2(t)$ 扩散近似复合泊松过程 $S_2(t)$. 这里的 B_{1t} 和 B_{2t} 是标准布朗运动, 它们与标准布朗运动 $W(t)$ 独立. 由于相关系数可以表示为

$$\rho = \frac{\lambda E(X)E(Y)}{\sqrt{(\lambda_1 + \lambda)E(X^2)(\lambda_2 + \lambda)E(Y^2)}}.$$

因此, $E(B_{1t}B_{2t}) = \rho t$, 用 $\widehat{S}_i(t)(i = 1, 2)$ 代替 (6.2) 中的 $S_i(t)(i = 1, 2)$, 可以得到如下的盈余过程

$$d\widehat{R}_t^{p_1, q_1, q_2} = \left[r\widehat{R}_t^{p_1, q_1, q_2} + ap_{1t} + (c - \delta(q_{1t}, q_{2t})) - q_{1t}a_1 - q_{2t}a_2 \right] dt$$
$$+ p_{1t}\sigma_1 dW(t) + q_{1t}\sigma_2 dB_{1t} + q_{2t}\sigma_3 dB_{2t},$$

或等价地

$$d\widehat{R}_t^{p_1, q_1, q_2} = \left[r\widehat{R}_t^{p_1, q_1, q_2} + ap_{1t} + (c - \delta(q_{1t}, q_{2t})) - q_{1t}a_1 - q_{2t}a_2 \right] dt$$
$$+ p_{1t}\sigma_1 dW(t) + \sqrt{\sigma_2^2 q_{1t}^2 + \sigma_3^2 q_{2t}^2 + 2q_{1t}q_{2t}\lambda\mu_1\mu_2} dB_t, \qquad (6.3)$$

其中 B_t 是标准布朗运动.

现在假设保险人的目标函数为最大化终端财富的期望效用, 在时间 T, 效用函数为 $u(x)$, 满足 $u' > 0$, 并且 $u'' < 0$. 此时, 目标函数为

$$J^{p_1, q_1, q_2}(t, x) = E\left[u\left(R_T^{p_1, q_1, q_2} \right) \middle| R_t^{p_1, q_1, q_2} = x \right] \qquad (6.4)$$

和

$$J^{p_1, q_1, q_2}(t, x) = E\left[u\left(\widehat{R}_T^{p_1, q_1, q_2} \right) \middle| \widehat{R}_t^{p_1, q_1, q_2} = x \right]. \qquad (6.5)$$

我们会分开讨论 (6.4) 和 (6.5) 两式, 因此使用相同的表达式不会引起误解. 相应的值函数可以表示为

$$V(t, x) = \sup_{p_1, q_1, q_2} J^{p_1, q_1, q_2}(t, x). \qquad (6.6)$$

假设保险人的效用函数为指数型效用函数

$$u(x) = -\frac{m}{\nu} e^{-\nu x},$$

其中 $m > 0$, $\nu > 0$. 这个效用函数有恒定绝对风险厌恶 (constantly absolute risk averse) 参数 ν.

假设函数 $\phi(t,x)$ 和它的偏导数 ϕ_t, ϕ_x, ϕ_{xx} 在 $[0,T] \times \mathbb{R}$ 上都是连续的, 则令 $C^{1,2}$ 表示所有满足以上条件的函数 $\phi(t,x)$ 组成的空间. 为了解决上述问题, 我们采用 Fleming 和 Soner (1993) 使用的动态近似的方法. 从标准的理论来说, 如果值函数 $V \in C^{1,2}$, 那么 V 满足下列的 HJB 方程

$$\sup_{p_1,q_1,q_2} \mathcal{A}^{p_1,q_1,q_2} V(t,x) = 0, \tag{6.7}$$

当 $t < T$ 时, 边际条件为

$$V(T,x) = u(x). \tag{6.8}$$

盈余过程 (6.2) 中的 $\mathcal{A}^{p_1,q_1,q_2} V(t,x)$ 代表:

$$\begin{aligned}
\mathcal{A}^{p_1,q_1,q_2} V(t,x) = {} & V_t + [rx + ap_1 + c - \delta(q_1,q_2)] V_x + \frac{1}{2}\sigma_1^2 p_{1t}^2 V_{xx} \\
& + \lambda_1 E[V(t,x-q_1 X) - V(t,x)] + \lambda_2 E[V(t,x-q_2 Y) - V(t,x)] \\
& + \lambda E[V(t,x-q_1 X - q_2 Y) - V(t,x)], \tag{6.9}
\end{aligned}$$

盈余过程 (6.3) 中的 $\mathcal{A}^{p_1,q_1,q_2} V(t,x)$ 代表:

$$\begin{aligned}
\mathcal{A}^{p_1,q_1,q_2} V(t,x) = {} & V_t + [rx + ap_1 + c - \delta(q_1,q_2) - q_1 a_1 - q_2 a_2] V_x + \frac{1}{2}\sigma_1^2 p_{1t}^2 V_{xx} \\
& + \frac{1}{2}\left(\sigma_2^2 q_{1t}^2 + \sigma_3^2 q_{2t}^2 + 2q_{1t}q_{2t}\lambda\mu_1\mu_2\right) V_{xx}. \tag{6.10}
\end{aligned}$$

为了使用 Fleming 和 Soner (1993), Yang 和 Zhang (2005) 提到的标准化的方法, 首先给出以下的验证定理.

定理 6.1　令 $W \in C^{1,2}$ 是 (6.7) 的经典解, 并且满足式 (6.8), 那么 (6.6) 给出的值函数 V 与 W 相等, 也就是说

$$W(t,x) = V(t,x).$$

此外, 对于所有的 $(t,x) \in [0,T) \times \mathbb{R}$, 令 (p_1^*, q_1^*, q_2^*) 为满足

$$\mathcal{A}^{p_1^*,q_1^*,q_2^*} V(t,x) = 0$$

的解, 那么 $(p_1^*(t,R_t^*), q_1^*(t,R_t^*), q_2^*(t,R_t^*))$ 是最优策略, 且 R_t^* 表示在最优策略下的盈余过程.

注解 6.1 本章假设允许连续的交易, 并且所有的资产是无限可分的. 我们在全概率空间 $(\Omega, \mathcal{F}, \mathbb{P})$ 上进行研究, 在此全空间上, $R_t^{p_1, q_1, q_2}$ 是有定义的. 在 t 时刻的信息由 σ-代数族 $\mathcal{F}_t$ 和 $R_t^{p_1, q_1, q_2}$ 给出. 策略 (p_{1t}, q_{1t}, q_{2t}) 是 $\mathcal{F}_t$-可测的. 同时, $p_{1t} \geqslant 0$, $q_{1t} \in [0, 1]$ 以及 $q_{2t} \in [0, 1]$ 为有效的策略.

6.3 期望保费准则下的最优策略

本节主要讨论扩散风险模型的最优化问题. 风险模型的盈余过程为

$$
\begin{aligned}
d\widehat{R}_t^{p_1, q_1, q_2} = {} & \left[r\widehat{R}_t^{q_1, q_1, q_2} + ap_{1t} + (c - \delta(q_{1t}, q_{2t})) - q_{1t}a_1 - q_{2t}a_2 \right] dt + p_{1t}\sigma_1 dW(t) \\
& + \sqrt{\sigma_2^2 q_{1t}^2 + \sigma_3^2 q_{2t}^2 + 2q_{1t}q_{2t}\lambda\mu_1\mu_2} \, dB_t.
\end{aligned}
$$

当 $t < T$ 时, 相应的 HJB 方程为

$$
\begin{aligned}
\sup_{p_1, q_1, q_2} \Big\{ & V_t + [rx + ap_1 + c - \delta(q_1, q_2) - q_1 a_1 - q_2 a_2] V_x + \frac{1}{2}\sigma_1^2 p_1^2 V_{xx} \\
& + \frac{1}{2}(\sigma_2^2 q_1^2 + \sigma_3^2 q_2^2 + 2q_1 q_2 \lambda\mu_1\mu_2) V_{xx} \Big\} = 0,
\end{aligned}
\tag{6.11}
$$

其中, 边际条件为 $V(T, x) = u(x)$. 假设 (6.11) 的解有如下

$$
V(t, x) = -\frac{m}{\nu} e^{-\nu x e^{r(T-t)} + h(T-t)}
\tag{6.12}
$$

的形式, 代入 (6.11) 并经过代数运算后, 方程 (6.11) 可以变形为

$$
\begin{aligned}
\inf_{p_1, q_1, q_2} \Big\{ & -h'(T-t) - (ap_1 + c - \delta(q_1, q_2) - q_1 a_1 - q_2 a_2)\nu e^{r(T-t)} \\
& + \frac{1}{2}(\sigma_1^2 p_1^2 + \sigma_2^2 q_1^2 + \sigma_3^2 q_2^2 + 2q_1 q_2 \lambda\mu_1\mu_2)\nu^2 e^{2r(T-t)} \Big\} = 0.
\end{aligned}
\tag{6.13}
$$

令

$$
\begin{aligned}
\widetilde{f}(p_1, q_1, q_2) = {} & (\delta(q_1, q_2) + q_1 a_1 + q_2 a_2 - ap_1)\nu e^{r(T-t)} \\
& + \frac{1}{2}(\sigma_1^2 p_1^2 + \sigma_2^2 q_1^2 + \sigma_3^2 q_2^2 + 2q_1 q_2 \lambda\mu_1\mu_2)\nu^2 e^{2r(T-t)}.
\end{aligned}
\tag{6.14}
$$

对任意 $t \in [0, T]$, 有

$$
\begin{cases}
\dfrac{\partial \widetilde{f}(p_1, q_1, q_2)}{\partial p_1} = -\nu a e^{r(T-t)} + \sigma_1^2 p_1 \nu^2 e^{2r(T-t)}, \\[2mm]
\dfrac{\partial \widetilde{f}(p_1, q_1, q_2)}{\partial q_1} = -\eta_1 a_1 \nu e^{r(T-t)} + (\sigma_2^2 q_1 + q_2 \lambda \mu_1 \mu_2)\nu^2 e^{2r(T-t)}, \\[2mm]
\dfrac{\partial \widetilde{f}(p_1, q_1, q_2)}{\partial q_2} = -\eta_2 a_2 \nu e^{r(T-t)} + (\sigma_3^2 q_2 + q_1 \lambda \mu_1 \mu_2)\nu^2 e^{2r(T-t)}, \\[2mm]
\dfrac{\partial^2 \widetilde{f}(p_1, q_1, q_2)}{\partial q_1^2} = \sigma_2^2 \nu^2 e^{2r(T-t)} > 0, \\[2mm]
\dfrac{\partial^2 \widetilde{f}(p_1, q_1, q_2)}{\partial q_2^2} = \sigma_3^2 \nu^2 e^{2r(T-t)} > 0, \\[2mm]
\dfrac{\partial^2 \widetilde{f}(p_1, q_1, q_2)}{\partial q_1 q_2} = \lambda \mu_1 \mu_2 \nu^2 e^{2r(T-t)} > 0.
\end{cases}
\tag{6.15}
$$

由 (6.15), 可以看出, p_1 与 q_1 和 q_2 是独立的, 因此首先单独计算 p_1,

$$
p_1^* = \frac{a}{\sigma_1^2 \nu e^{r(T-t)}}.
\tag{6.16}
$$

接下来, 根据式 (6.15) 来进一步计算 q_1 和 q_2. 由于我们已经知道 $\widetilde{f}$ 是关于 q_1 和 q_2 的凸函数, 如果 $\widehat{q}(q_1, q_2)$ 和 $\widetilde{q}(q_1, q_2)$ 都是 (6.15) 中前三个表达式等于 0 所组成的方程组的解, 那么 $\widehat{q} = \widetilde{q}$. 因此, 我们也了解了方程 (6.15) 的解的存在性和唯一性.

为了便于求解, 将方程改写为以下形式

$$
\begin{cases}
q_1 \sigma_2^2 + q_2 \lambda \mu_1 \mu_2 = \dfrac{\eta_1 a_1}{\nu} e^{-r(T-t)}, \\[3mm]
q_2 \sigma_3^2 + q_1 \lambda \mu_1 \mu_2 = \dfrac{\eta_2 a_2}{\nu} e^{-r(T-t)},
\end{cases}
\tag{6.17}
$$

经过求解, 可以轻松得到方程组的解

$$
\begin{cases}
\bar{q}_1(T-t) = \dfrac{a_1 \eta_1 \sigma_3^2 - \lambda \mu_1 \mu_2 a_2 \eta_2}{\sigma_2^2 \sigma_3^2 - \lambda^2 \mu_1^2 \mu_2^2} \times \dfrac{1}{\nu} e^{-r(T-t)}, \\[3mm]
\bar{q}_2(T-t) = \dfrac{a_2 \eta_2 \sigma_2^2 - \lambda \mu_1 \mu_2 a_1 \eta_1}{\sigma_2^2 \sigma_3^2 - \lambda^2 \mu_1^2 \mu_2^2} \times \dfrac{1}{\nu} e^{-r(T-t)}.
\end{cases}
\tag{6.18}
$$

令

$$
\begin{cases}
A_1 = \dfrac{a_1 \eta_1 \sigma_3^2 - \lambda \mu_1 \mu_2 a_2 \eta_2}{\sigma_2^2 \sigma_3^2 - \lambda^2 \mu_1^2 \mu_2^2}, \\[3mm]
A_2 = \dfrac{a_2 \eta_2 \sigma_2^2 - \lambda \mu_1 \mu_2 a_1 \eta_1}{\sigma_2^2 \sigma_3^2 - \lambda^2 \mu_1^2 \mu_2^2},
\end{cases}
\tag{6.19}
$$

且当 $\nu \leqslant A_1 \leqslant \nu e^{rT}$ 时, 有 $t_3 = T - \dfrac{1}{r}\ln\dfrac{A_1}{\nu}$; 当 $\nu \leqslant A_2 \leqslant \nu e^{rT}$ 时, 有 $t_4 = T - \dfrac{1}{r}\ln\dfrac{A_2}{\nu}$; 当 $A_1 < \nu, A_2 < \nu$ 时, 有 $t_3 = T, t_4 = T$; 当 $A_1 > \nu e^{rT}, A_2 > \nu e^{rT}$ 时, 有 $t_3 = 0, t_4 = 0$. 为了确保最优再保险策略属于 $[0,1]$ 的范围内, 我们需要分以下四种情况来讨论最优策略的问题:

(i) $\dfrac{\lambda\mu_1\mu_2 a_2}{\sigma_3^2 a_1}\eta_2 \leqslant \eta_1 \leqslant \dfrac{\lambda\mu_1\mu_2 a_2 + \sigma_2^2 a_2}{\sigma_3^2 a_1 + \lambda\mu_1\mu_2 a_1}\eta_2$;

(ii) $\dfrac{\lambda\mu_1\mu_2 a_2 + \sigma_2^2 a_2}{\sigma_3^2 a_1 + \lambda\mu_1\mu_2 a_1}\eta_2 < \eta_1 \leqslant \dfrac{\sigma_2^2 a_2}{\lambda\mu_1\mu_2 a_1}\eta_2$;

(iii) $\eta_1 < \dfrac{\lambda\mu_1\mu_2 a_2}{\sigma_3^2 a_1}\eta_2$;

(iv) $\eta_1 > \dfrac{\sigma_2^2 a_2}{\lambda\mu_1\mu_2 a_1}\eta_2$.

情形 1 在此情形中, 已知 $\bar{q}_1(T-t) > 0$, $\bar{q}_2(T-t) > 0$ 和 $A_1 \leqslant A_2$, 因此有 $t_3 \geqslant t_4$, 同时, 当 $0 \leqslant t \leqslant t_4$ 时, 可以得知 $(q_{1t}^*, q_{2t}^*) = (\bar{q}_1(T-t), \bar{q}_2(T-t))$. 接下来, 将 $(\bar{q}_1(T-t), \bar{q}_2(T-t))$ 代入式 (6.13), 可以得到

$$h_6(T-t) = \widetilde{h}_6(T-t) + C_6, \tag{6.20}$$

其中

$$\begin{aligned}
\widetilde{h}_6(T-t) = {} & \frac{1}{r}[(1+\eta_1)a_1 + (1+\eta_2)a_2 - c]\nu e^{r(T-t)} \\
& + \left(\frac{1}{2}\sigma_2^2 A_1^2 + \frac{1}{2}\sigma_3^2 A_2^2 - \frac{a^2}{2\sigma_1^2} + A_1 A_2 \lambda\mu_1\mu_2 - a_1\eta_1 A_1 - a_2\eta_2 A_2\right)(T-t),
\end{aligned}$$

并且 C_6 是一个常数, 将在稍后的计算中确定它的值.

当 $t > t_4$ 时, $\bar{q}_2(T-t) \geqslant 1$, 因此令 $q_{2t}^* = 1$, 并将其代入 (6.13) 可以计算出: 当 $t < T$ 时,

$$\begin{aligned}
\inf_{q_1}\Big\{ & -h'(T-t) - ap_1^*\nu e^{r(T-t)} - c\nu e^{r(T-t)} - \lambda_1 - \lambda_2 - \lambda + (\delta(q_1) \\
& + q_1 a_1 + a_2)\nu e^{r(T-t)} + \frac{1}{2}(\sigma_1^1 p_1^{*2} + \sigma_2^2 q_1^2 + \sigma_3^2 + 2q_1\lambda\mu_1\mu_2)\nu^2 e^{2r(T-t)}\Big\} = 0,
\end{aligned} \tag{6.21}$$

通过最小化 (6.21) 可以求得

$$\widetilde{q}_1(T-t) = \frac{\eta_1 a_1 e^{-r(T-t)} - \lambda\mu_1\mu_2\nu}{\sigma_2^2\nu}. \tag{6.22}$$

令 $t_{03} = T - \dfrac{1}{r} \ln \left(\dfrac{\eta_1 a_1}{\sigma_2^2 + \lambda \mu_1 \mu_2} \right)$. 当 $t_4 < t \leqslant t_{03}$ 时, 很容易看出 $(q_{1t}^*, q_{2t}^*) = (\widetilde{q}_1(T - t), 1)$, 将 $(\widetilde{q}_1(T - t), 1)$ 代入 (6.13) 可得

$$h_7(T - t) = \widetilde{h}_7(T - t) + C_7, \tag{6.23}$$

其中

$$
\begin{aligned}
\widetilde{h}_7(T - t) = & \frac{1}{r}((1 + \eta_1)a_1 + a_2 - c)\nu e^{r(T-t)} - \frac{a^2}{2\sigma_1^2}(T - t) + \frac{1}{4r}\sigma_3^2 \nu^2 e^{2r(T-t)} \\
& - \int_0^{T-t} \left[\eta_1 \widetilde{q}_1(s) a_1 \nu e^{rs} - \frac{1}{2}(\sigma_2^2 \widetilde{q}_1^2(s) + 2\widetilde{q}_1(s)\lambda \mu_1 \mu_2)\nu^2 e^{2rs} \right] ds.
\end{aligned}
$$

当 $C_6 = h_7(T - t_4) - \widetilde{h}_6(T - t_4)$ 时, 得到 $(q_{1t}^*, q_{2t}^*) = (1, 1)$, 将其代入 (6.13) 可以得到

$$
\begin{aligned}
h_8(T - t) = & \frac{1}{r}(a_1 + a_2 - c)\nu(e^{r(T-t)} - 1) - \frac{a^2}{2\sigma_1^2}(T - t) \\
& + \frac{1}{4r}(\sigma_2^2 + \sigma_3^2 + 2\lambda \mu_1 \mu_2)\nu^2(e^{2r(T-t)} - 1).
\end{aligned}
\tag{6.24}
$$

令 $C_6 = h_7(T - t_4) - \widetilde{h}_6(T - t_4)$, $C_7 = h_8(T - t_{03}) - \widetilde{h}_7(T - t_{03})$, 可知

$$
\begin{cases}
h_7(T - t_4) = \widetilde{h}_6(T - t_4) + C_6 = h_6(T - t_4), \\
h_8(T - t_{03}) = \widetilde{h}_7(T - t_{03}) + C_7 = h_7(T - t_{03}).
\end{cases}
\tag{6.25}
$$

情形 2　在此情形中, 依然有 $\bar{q}_1(T - t) > 0$ 和 $\bar{q}_2(T - t) > 0$, 但此时 $A_1 \geqslant A_2$. 那么, $t_3 \leqslant t_4$. 当 $0 \leqslant t \leqslant t_3$ 时, 有 $(q_{1t}^*, q_{2t}^*) = (\bar{q}_1(T - t), \bar{q}_2(T - t))$. 将其代入 (6.13) 可以得到

$$h_9(T - t) = \widetilde{h}_6(T - t) + C_9. \tag{6.26}$$

当 $t \geqslant t_3$ 时, 有 $\bar{q}_1(T - t) \geqslant 1$, 因此 $q_{1t}^* = 1$. 把 $q_{1t}^* = 1$ 代入 (6.13), 类似于求解 (6.22), 通过最小化得到

$$\widetilde{q}_2(T - t) = \frac{\eta_2 a_2 e^{-r(T-t)} - \lambda \mu_1 \mu_2 \nu}{\sigma_3^2 \nu}. \tag{6.27}$$

令

$$t_{04} = T - \frac{1}{r} \ln \left(\frac{\eta_2 a_2}{(\sigma_3^2 + \lambda \mu_1 \mu_2)\nu} \right). \tag{6.28}$$

很容易通过检验得知 $t_{04} \geqslant t_3$. 当 $t_3 < t < t_{04}$ 时, $(q_{1t}^*, q_{2t}^*) = (1, \tilde{q}_2(T-t))$. 将 $(1, \tilde{q}_2(T-t))$ 代入 (6.13), 得到

$$h_{10}(T-t) = \tilde{h}_{10}(T-t) + C_{10}, \tag{6.29}$$

其中

$$\tilde{h}_{10}(T-t) = \frac{1}{r}((1+\eta_2)a_2 + a_1 - c)\nu e^{r(T-t)} - \frac{a^2}{2\sigma_1^2}(T-t) + \frac{1}{4r}\sigma_2^2\nu^2 e^{2r(T-t)}$$

$$- \int_0^{T-t}\left[\eta_2\tilde{q}_2(s)a_2\nu e^{rs} - \frac{1}{2}(\sigma_3^2\tilde{q}_2^2(s)\lambda\mu_1\mu_2)\nu^2 e^{2rs}\right]ds.$$

当 $t_{04} \leqslant t \leqslant T$ 时, $(q_{1t}^*, q_{2t}^*) = (1, 1)$. 此时 (6.13) 中的 $h(T-t)$ 函数可以由 (6.24) 中的 h_8 表示.

令 $C_9 = h_{10}(T-t_3) - \tilde{h}_6(T-t_3)$, 以及 $C_{10} = h_8(T-t_{04}) - \tilde{h}_{10}(T-t_{04})$, 则有

$$\begin{cases} h_{10}(T-t_3) = \tilde{h}_6(T-t_3) + C_9 = h_9(T-t_3), \\ h_8(T-t_{04}) = \tilde{h}_{10}(T-t_{04}) + C_{10} = h_{10}(T-t_{04}). \end{cases}$$

情形 3 在此情形中, 已知 $\bar{q}_1(T-t) < 0$ 和 $\bar{q}_2(T-t) > 0$, 因此 $q_{1t}^* = 0$. 将 $q_{1t}^* = 0$ 代入 (6.13) 通过最小化可得

$$\hat{q}_2(T-t) = \frac{\eta_2 a_2}{\sigma_3^2\nu}e^{-r(T-t)}. \tag{6.30}$$

令 $t_{05} = T - \frac{1}{r}\ln\left(\frac{\eta_2 a_2}{\sigma_3^2\nu}\right)$. 当 $0 \leqslant t \leqslant t_{05}$ 时, 则有 $(q_{1t}^*, q_{2t}^*) = (0, \hat{q}_2(T-t))$. 将 $(1, \hat{q}_2(T-t))$ 代入 (6.13), 可以得到

$$h_{11}(T-t) = \tilde{h}_{11}(T-t) + C_{11}, \tag{6.31}$$

其中

$$\tilde{h}_{11}(T-t) = \frac{1}{r}((1+\eta_2)a_2 + (1+\eta_1)a_1 - c)\nu e^{r(T-t)}$$

$$- \frac{a^2}{2\sigma_1^2}(T-t) - \frac{1}{4r}\frac{\eta_2^2 a_2^2}{\sigma_3^2}(T-t).$$

当 $t_{05} < t \leqslant T$ 时, $(q_{1t}^*, q_{2t}^*) = (0, 1)$, 将最优策略代入 (6.13), 可以得到

$$h_{12}(T-t) = \frac{1}{r}(a_2 + (1+\eta_1)a_1 - c)\nu(e^{r(T-t)} - 1)$$

$$- \frac{a^2}{2\sigma_1^2}(T-t) + \frac{1}{4r}\sigma_3^2\nu^2(e^{2r(T-t)} - 1). \tag{6.32}$$

令 $C_{11} = h_{12}(T - t_{05}) - \widetilde{h}_{11}(T - t_{05})$, 则有 $h_{11}(T - t_{05}) = \widetilde{h}_{11}(T - t_{05}) + C_{11} = h_{12}(T - t_{05})$.

情形 4　在此情形中, 有 $\bar{q}_1(T - t) > 0$, 以及 $\bar{q}_2(T - t) < 0$, 因此 $q^*_{2t} = 0$. 将 $q^*_{2t} = 0$ 代入 (6.13) 通过最小化可以得到

$$\hat{q}_1(T - t) = \frac{\eta_1 a_1}{\sigma_2^2 \nu} e^{-r(T-t)}. \tag{6.33}$$

令 $t_{06} = T - \dfrac{1}{r} \ln\left(\dfrac{\eta_1 a_1}{\sigma_2^2 \nu}\right)$. 当 $0 \leqslant t \leqslant t_{06}$ 时, $(q^*_{1t}, q^*_{2t}) = (\hat{q}_1(T - t), 0)$. 综合考虑最优策略和 (6.13) 可以得到

$$h_{13}(T - t) = \widetilde{h}_{13}(T - t) + C_{13}, \tag{6.34}$$

其中

$$\widetilde{h}_{13}(T-t) = \frac{1}{r}[(1+\eta_2)a_2 + (1+\eta_1)a_1 - c]\nu e^{r(T-t)} - \frac{a^2}{2\sigma_1^2}(T-t) - \frac{1}{4r}\frac{\eta_1^2 a_1^2}{\sigma_2^2}(T-t).$$

当 $t_{06} \leqslant t \leqslant T$ 时, 有 $(q^*_{1t}, q^*_{2t}) = (1, 0)$, 将最优策略代入 (6.13), 可以得到

$$h_{14}(T-t) = \frac{1}{r}(a_1 + (1+\eta_2)a_2 - c)\nu(e^{r(T-t)} - 1) - \frac{a^2}{2\sigma_1^2}(T-t) + \frac{1}{4r}\sigma_2^2\nu^2(e^{r(T-t)} - 1). \tag{6.35}$$

令 $C_{13} = h_{14}(T - t_{06}) - \widetilde{h}_{13}(T - t_{06})$, 则有 $h_{13}(T - t_{06}) = \widetilde{h}_{13}(T - t_{06}) + C_{13} = h_{14}(T - t_{06})$.

将以上结果总结可得如下定理.

定理 6.2　p^*_1 由 (6.16) 给出, $(\bar{q}_1(T - t), \bar{q}_2(T - t))$, $\widetilde{q}_1(T - t)$, $\widetilde{q}_2(T - t)$, $\hat{q}_1(T - t)$ 和 $\hat{q}_2(T - t)$ 由 (6.18), (6.22), (6.27), (6.33) 和 (6.30) 分别给出. 同时, 函数 $h_i(T - t)$ $(i = 6, 7, \cdots, 14)$ 由 (6.20), (6.23), (6.24), (6.26), (6.29), (6.31), (6.32), (6.34) 和 (6.35) 分别给出. 此时, 有

(i) 在情形 1 中, 模型 (6.3) 对应的最优投资-再保险策略为

$$(p^*_{1t}, q^*_{1t}, q^*_2) = \begin{cases} \left(\dfrac{a}{\sigma_1^2 \nu e^{r(T-t)}}, \bar{q}_1(T - t), \bar{q}_2(T - t)\right), & 0 \leqslant t \leqslant t_4, \\[3mm] \left(\dfrac{a}{\sigma_1^2 \nu e^{r(T-t)}}, \widetilde{q}_1(T - t), 1\right), & t_4 < t < t_{03}, \\[3mm] \left(\dfrac{a}{\sigma_1^2 \nu e^{r(T-t)}}, 1, 1\right), & t_{03} \leqslant t \leqslant T, \end{cases}$$

对任意的 $t \in [0, T]$, 相应的值函数为

$$
V(t, x) = \begin{cases} -\dfrac{m}{\nu} \exp\{-\nu x e^{r(T-t)} + h_6(T-t)\}, & 0 \leqslant t \leqslant t_4, \\ -\dfrac{m}{\nu} \exp\{-\nu x e^{r(T-t)} + h_7(T-t)\}, & t_4 < t < t_{03}, \\ -\dfrac{m}{\nu} \exp\{-\nu x e^{r(T-t)} + h_8(T-t)\}, & t_{03} \leqslant t \leqslant T; \end{cases}
$$

(ii) 在情形 2 中, 模型 (6.3) 对应的最优投资-再保险策略为

$$
(p_{1t}^*, q_{1t}^*, q_2^*) = \begin{cases} \left(\dfrac{a}{\sigma_1^2 \nu e^{r(T-t)}}, \bar{q}_1(T-t), \bar{q}_2(T-t) \right), & 0 \leqslant t \leqslant t_3, \\ \left(\dfrac{a}{\sigma_1^2 \nu e^{r(T-t)}}, 1, \widetilde{q}_2(T-t) \right), & t_3 < t < t_{04}, \\ \left(\dfrac{a}{\sigma_1^2 \nu e^{r(T-t)}}, 1, 1 \right), & t_{04} \leqslant t \leqslant T, \end{cases}
$$

对任意的 $t \in [0, T]$, 相应的值函数为

$$
V(t, x) = \begin{cases} -\dfrac{m}{\nu} \exp\{-\nu x e^{r(T-t)} + h_9(T-t)\}, & 0 \leqslant t \leqslant t_3, \\ -\dfrac{m}{\nu} \exp\{-\nu x e^{r(T-t)} + h_{10}(T-t)\}, & t_3 < t < t_{04}, \\ -\dfrac{m}{\nu} \exp\{-\nu x e^{r(T-t)} + h_8(T-t)\}, & t_{04} \leqslant t \leqslant T; \end{cases}
$$

(iii) 在情形 3 中, 模型 (6.3) 对应的最优投资-再保险策略为

$$
(p_{1t}^*, q_{1t}^*, q_2^*) = \begin{cases} \left(\dfrac{a}{\sigma_1^2 \nu e^{r(T-t)}}, 0, \hat{q}_2(T-t) \right), & 0 \leqslant t \leqslant t_{05}, \\ \left(\dfrac{a}{\sigma_1^2 \nu e^{r(T-t)}}, 0, 1 \right), & t_{05} < t \leqslant T, \end{cases}
$$

对任意的 $t \in [0, T]$, 相应的值函数为

$$
V(t, x) = \begin{cases} -\dfrac{m}{\nu} \exp\{-\nu x e^{r(T-t)} + h_{11}(T-t)\}, & 0 \leqslant t \leqslant t_{05}, \\ -\dfrac{m}{\nu} \exp\{-\nu x e^{r(T-t)} + h_{12}(T-t)\}, & t_{05} < t \leqslant T; \end{cases}
$$

(iv) 在情形 4 中, 模型 (6.3) 对应的最优投资-再保险的策略为

$$
(p_{1t}^*, q_{1t}^*, q_2^*) = \begin{cases} \left(\dfrac{a}{\sigma_1^2 \nu e^{r(T-t)}}, \hat{q}_1(T-t), 0 \right), & 0 \leqslant t \leqslant t_{06}, \\ \left(\dfrac{a}{\sigma_1^2 \nu e^{r(T-t)}}, 1, 0 \right), & t_{06} < t \leqslant T, \end{cases}
$$

对任意的 $t \in [0, T]$, 相应的值函数为

$$V(t, x) = \begin{cases} -\dfrac{m}{\nu} \exp\{-\nu x e^{r(T-t)} + h_{13}(T - t)\}, & 0 \leqslant t \leqslant t_{06}, \\ -\dfrac{m}{\nu} \exp\{-\nu x e^{r(T-t)} + h_{14}(T - t)\}, & t_{06} < t \leqslant T. \end{cases}$$

注解 6.2　由于

$$\begin{cases} h_6(T - t_4) = h_7(T - t_4), & h_7(T - t_{03}) = h_8(T - t_{03}), \\ h_9(T - t_3) = h_{10}(T - t_3), & h_{10}(T - t_{04}) = h_8(T - t_{04}), \\ h_{11}(T - t_{05}) = h_{12}(T - t_{05}), & h_{13}(T - t_{06}) = h_{14}(T - t_{06}), \end{cases}$$

$V(t, x)$ 是连续函数, 对任意的 $(t, x) \in [0, T] \times \mathbb{R}$, 更有

$$\begin{cases} h_6'(T - t_4) = h_7'(T - t_4), & h_7'(T - t_{03}) = h_8'(T - t_{03}), \\ h_9'(T - t_3) = h_{10}'(T - t_3), & h_{10}'(T - t_{04}) = h_8'(T - t_{04}), \\ h_{11}'(T - t_{05}) = h_{12}'(T - t_{05}), & h_{13}'(T - t_{06}) = h_{14}'(T - t_{06}), \end{cases}$$

也就是说, $V(t, x)$ 是 HJB 方程 (6.7) 的经典解.

6.4　方差保费准则下扩散过程的最优策略

本节研究了扩散风险模型的最优化问题. 模型的盈余过程可以表示为

$$d\widehat{R}_t^{p_1, q_1, q_2} = \left[r\widehat{R}_t^{p_1, q_1, q_2} + ap_{1t} + (c - \delta(q_{1t}, q_{2t})) - q_{1t}a_1 - q_{2t}a_2 \right] dt + p_{1t}\sigma_1 dW(t)$$
$$+ \sqrt{\sigma_2^2 q_{1t}^2 + \sigma_3^2 q_{2t}^2 + 2q_{1t}q_{2t}\lambda\mu_1\mu_2} \, dB_t, \tag{6.36}$$

与其相对应的 HJB 方程为

$$\sup_{p_1, q_1, q_2} \Big\{ V_t + [rx + ap_1 + c - \delta(q_1, q_2) - q_1 a_1 - q_2 a_2]V_x + \frac{1}{2}\sigma_1^2 p_1^2 V_{xx}$$
$$+ \frac{1}{2}(\sigma_2^2 q_1^2 + \sigma_3^2 q_2^2 + 2q_1 q_2 \lambda\mu_1\mu_2)V_{xx} \Big\} = 0, \tag{6.37}$$

其中当 $t < T$ 时, 边际条件为 $V(T, x) = u(x)$. 同样地, 假设其解有如下形式

$$V(t, x) = -\frac{m}{\nu} e^{-\nu x e^{r(T-t)} + h(T-t)}, \tag{6.38}$$

其中 $m > 0$, ν 是恒定绝对风险厌恶参数, 且 $\nu > 0$, $h(\cdot)$ 是待定函数, 代入 (6.37), 并通过代数计算, 方程 (6.37) 可以写为

$$
\inf_{p_1, q_1, q_2} \Big\{ - h'(T - t) - (ap_1 + c - \delta(q_1, q_2) - q_1 a_1 - q_2 a_2)\nu e^{r(T-t)}
$$
$$
+ \frac{1}{2}(\sigma_1^2 p_1^2 + \sigma_2^2 q_1^2 + \sigma_3^2 q_2^2 + 2q_1 q_2 \lambda \mu_1 \mu_2)\nu^2 e^{2r(T-t)} \Big\} = 0. \qquad (6.39)
$$

令

$$
\widetilde{f}(p_1, q_1, q_2) = (\delta(q_1, q_2) + q_1 a_1 + q_2 a_2 - ap_1)\nu e^{r(T-t)}
$$
$$
+ \frac{1}{2}(\sigma_1^2 p_1^2 + \sigma_2^2 q_1^2 + \sigma_3^2 q_2^2 + 2q_1 q_2 \lambda \mu_1 \mu_2)\nu^2 e^{2r(T-t)}. \qquad (6.40)
$$

对任意的 $t \in [0, T]$, 有

$$
\begin{cases}
\dfrac{\partial \widetilde{f}(p_1, q_1, q_2)}{\partial p_1} = -\nu a e^{r(T-t)} + \sigma_1^2 p_1 \nu^2 e^{2r(T-t)}, \\[2mm]
\dfrac{\partial \widetilde{f}(p_1, q_1, q_2)}{\partial q_1} = -(2\Lambda((1 - q_1)\sigma_2^2 + (1 - q_2)\lambda \mu_1 \mu_2))\nu e^{r(T-t)} \\[2mm]
\qquad\qquad\qquad + (q_1 \sigma_2^2 + \lambda q_2 \mu_1 \mu_2)\nu^2 e^{2r(T-t)}, \\[2mm]
\dfrac{\partial \widetilde{f}(p_1, q_1, q_2)}{\partial q_2} = -(2\Lambda((1 - q_2)\sigma_3^2 + (1 - q_1)\lambda \mu_1 \mu_2))\nu e^{r(T-t)} \\[2mm]
\qquad\qquad\qquad + (q_2 \sigma_3^2 + \lambda q_1 \mu_1 \mu_2)\nu^2 e^{2r(T-t)}, \\[2mm]
\dfrac{\partial^2 \widetilde{f}(p_1, q_1, q_2)}{\partial q_1^2} = 2\Lambda \sigma_2^2 \nu e^{r(T-t)} + \sigma_2^2 \nu^2 e^{2r(T-t)} > 0, \\[2mm]
\dfrac{\partial^2 \widetilde{f}(p_1, q_1, q_2)}{\partial q_2^2} = 2\Lambda \sigma_3^2 \nu e^{r(T-t)} + \sigma_3^2 \nu^2 e^{2r(T-t)} > 0, \\[2mm]
\dfrac{\partial^2 \widetilde{f}(p_1, q_1, q_2)}{\partial q_1 q_2} = 2\Lambda \lambda \mu_1 \mu_2 \nu e^{r(T-t)} + \lambda \mu_1 \mu_2 \nu^2 e^{2r(T-t)} > 0.
\end{cases} \qquad (6.41)
$$

由 (6.41) 可知, p_1 与 q_1 和 q_2 同样是独立的, 因此, 首先计算出 p_1, 有

$$
p_1^* = \frac{a}{\sigma_1^2 \nu e^{r(T-t)}}. \qquad (6.42)
$$

然后, 继续根据 (6.41) 来计算 q_1 和 q_2. 由于已知 $\widetilde{f}$ 是关于 q_1 和 q_2 的凸函数, 如果 $\widehat{q}(q_1, q_2)$ 和 $\widetilde{q}(q_1, q_2)$ 都是方程 (6.41) 的解, 那么 $\widehat{q} = \widetilde{q}$, 因而就掌握了方程 (6.41) 的解的存在性和唯一性.

为了便于求解, 需要将方程改写为如下的形式

$$\begin{cases} -2\Lambda\big[(1-q_1)\sigma_2^2 + (1-q_2)\lambda\mu_1\mu_2\big] + \big(q_1\sigma_2^2 + \lambda q_2\mu_1\mu_2\big)\nu e^{r(T-t)} = 0, \\ -2\Lambda\big[(1-q_2)\sigma_3^2 + (1-q_1)\lambda\mu_1\mu_2\big] + \big(q_2\sigma_3^2 + \lambda q_1\mu_1\mu_2\big)\nu e^{r(T-t)} = 0, \end{cases} \tag{6.43}$$

通过计算很容易地得到方程组的解

$$\begin{cases} q_1(T-t) = \dfrac{2\Lambda}{2\Lambda + \nu e^{r(T-t)}}, \\ q_2(T-t) = \dfrac{2\Lambda}{2\Lambda + \nu e^{r(T-t)}}. \end{cases} \tag{6.44}$$

由于

$$\frac{2\Lambda}{2\Lambda + \nu e^{r(T-t)}} \in (0,1),$$

得到的最优策略为

$$\begin{cases} p_1^*(T-t) = \dfrac{a}{\sigma_1^2 \nu e^{r(T-t)}}, \\ q_1^*(T-t) = q_2^*(T-t) = \dfrac{2\Lambda}{2\Lambda + \nu e^{r(T-t)}}. \end{cases}$$

将最优策略代入 (6.39) 可以得到

$$h_{16}(T-t) = -\frac{1}{r}c\nu\big(e^{r(T-t)} - 1\big) + \int_0^{T-t} K(s)ds, \tag{6.45}$$

其中

$$K(s) = -ap_1^{*2}(s)\nu e^{rs} + \frac{1}{2}\big(\sigma_1^2 p_1^{*2} + \sigma_2^2 q_1^{*2} + \sigma_3^2 q_2^{*2} + 2q_1^*(s)q_2^*(s)\lambda\mu_1\mu_2\big)\nu^2 e^{2rs}.$$

总结上述结论, 有如下定理.

定理 6.3　对任意的 $t \in [0,T]$, 在模型 (6.3) 下的最优投资-再保险策略为

$$\begin{cases} p_1^*(T-t) = \dfrac{a}{\sigma_1^2 \nu e^{r(T-t)}}, \\ q_1^*(T-t) = q_2^*(T-t) = \dfrac{2\Lambda}{2\Lambda + \nu e^{r(T-t)}}. \end{cases}$$

对应的值函数为

$$V(t,x) = -\frac{m}{\nu}e^{-\nu x e^{r(T-t)} + h_{16}(T-t)},$$

其中 $h_{16}(T-t)$ 由 (6.45) 给出.

6.5 总 结

首先, 我们回顾一下本章的结果. 从保险人的角度来看, 主要考察两类保险业务相依情况下的最优投资和最优比例再保险问题, 其中两类保险业务在总理赔额上是具有相依性的. 通过随机最优控制理论中的 HJB 方程方法, 基于最大化终端财富指数期望效用函数的准则, 本章探讨了在两种保费准则下, 最优策略的唯一显式形式的结果, 并给出值函数. 此外, 我们还发现, 最优投资与最优比例再保险是独立的, 最优投资依赖于风险投资和无风险投资的利率差及利率的不确定性. 同时, 最优比例再保险策略的形式在期望保费准则和方差保费准则下差异非常大. 扩散模型的最优策略在方差保费准则下, 依赖于安全负荷系数、时间和利率, 而在期望保费准则下, 除了依赖于安全负荷系数、时间和利率外, 还依赖于理赔额的分布.

参 考 文 献

Bai L, Zhang H. 2008. Dynamic mean-variance problem with constrained risk control for the insurers. *Mathematical Methods of Operations Research*, 68: 181-205.

Bi J, Guo J. 2008. Optimal investment for an insurer with multiple risky assets under mean-variance criterion. Proceedings in Computational Statistics: 205-216.

Bi J, Guo J, Bai L. 2011. Optimal multi-asset investment with no-shorting constraint under mean-variance criterion for an insurer. *Journal of Systems Science and Complexity*, 24: 291-307.

Bi J, Liang Z, Xu F. 2016. Optimal mean-variance investment and reinsurance problems for the risk model with common shock dependence. *Insurance: Mathematics and Economics*, 70: 245-258.

Bi J, Zhong Y, Zhou X Y. 2013. Mean-semivariance portfolio selection under probability distortion. *Stochastics: An International Journal of Probability and Stochastic Processes*, 85: 604-619.

Bielecki T R, Jin H, Pliskaz S R, et al. 2005. Continuous-time mean-variance portfolio selection with bankruptcy prohibition. *Mathematical Finance*, 15: 213-244.

Browne S. 1995. Optimal investment policies for a firm with a random risk process: Exponential utility and minimizing the probability of ruin. *Mathematics of Operations Research*, 20: 937-957.

Brémaud P. 1981. *Point Processes and Queues*. New York: Springer-Verlag.

Bäuerle N. 2005. Benchmark and mean-variance problems for insurers. *Mathematical Methods of Operations Research*, 62: 159-165.

Delong L, Gerrard R. 2007. Mean-variance portfolio selection for a non-life insurance company. *Mathematical Methods of Operations Research*, 66: 339-367.

Fleming W H, Soner H M. 1993. *Controlled Markov Processes and Viscosity Solutions*. New York: Springer-Verlag.

Föllmer H, Sondermann D. 1986. Hedging of non-redundant contingent claims // Hildenbrand W, Mas-Colell A. ed. North-Holland, Elsevier, *Contributions to Mathematical Economics*, 20: 205-223.

Gaier J, Grandits P, Schachermayer W. 2003. Asymptotic ruin probabilities and optimal investment. *The Annals of Applied Probability*, 13: 1054-1076.

Grandell J. 1991. *Aspects of Risk Theory*. New York: Springer.

Hipp C, Plum M. 2000. Optimal investment for insurers. *Insurance: Mathematics Economics,* 27: 215-228.

Hipp C, Schmidli H. 2004. Asymptotics of ruin probabilities for controlled risk processes in the small claims case. *Scand inavian Actuarial Journal* 5: 321-335.

Jin H, Yan J A, Zhou X Y. 2005. Continuous-time mean-risk portfolio selection. *Annales del'Institut Henri Poincaré (B) Probabilites et statistiques,* 41: 559-580.

Lévy H. 2015. Value-at-Risk capital requirement regulation, risk taking and asset allocation: A mean variance analysis. *The European Journal of Finance,* 21: 215-241.

Li X, Zhou X Y, Lim A E B. 2002. Dynamic mean-variance portfolio selection with no-shorting constraints. *SIAM J Control Optim,* 40: 1540-1555.

Liang Z, Yuen K C. 2016. Optimal dynamic reinsurance with dependent risks:Variance premium principle. *Scandinavian Actuarial Journal,* 1: 18-36.

Lim A E B, Zhou X Y. 2002. Mean-variance portfolio selection with random parameters in a complete market. *Mathematics of Operations Research,* 27: 101-120.

Lintner J. 1965. The Valuation of Risk Assets and the Selection of Risky Investment in Stock Portfolios and Capital Budgets. *Rev. Econ. Stat.,* 47: 13-37.

Lopes L L. 1987. Between hope and fear: The psychology of risk. *Advances in Experimental Social Psychology,* 20: 255-295.

Luenberger D G. 1969. *Optimization by Vector Space Methods*. New York: Wiley-Interscience.

Markowitz H. 1952. Portfolio selection. *The Journal of Finance,* 7: 77-91.

Merton R C. 1972. An analytical derivation of the efficient portfolio frontier. *Journal of Financial and Quantitative Analysis,* 7: 1851-1872.

Merton R C. 1973. Theory of rational option pricing. The *Bell Journal of Economics and Management Science,* 4: 141-183.

Mossin J. 1966. Equilibrium in a Capital Asset Market. *Econometrica,* 34: 768-783.

Møller T. 1998. Risk-minimizing hedging strategies for unit-linked life insurance contracts. *Astin Bulletin,* 28 (1): 17-47.

Pliska S R. 1982. A Discrete Time Stochastic Decision Model // Fleming W H, Gorostiza L G. ed. Advances in Filtering and Optimal Stochastic Control 42 // *Lecture Notes in Control and Information Sciences*. New York: Springer-Verlag: 290-302.

Pliska S R. 1986. A Stochastic Calculus Model of Continuous Trading: Optimal Portfolios. *Mathematics of Operations Research,* 11: 371-384.

Riesner M. 2006. Hedging life insurance contracts in a Lévy process financial market. *Insurance: Mathematics and Economics*, 38: 599-608.

Schmidli H. 2002. On minimizing the ruin probability by investment and reinsurance. *The Annals of Applied Probability*, 12: 890-907.

Schmidt T, Stute W. 2007. Shot-noise processes and the minimal martingale measure. *Statistics and Probability Letters*, 77: 1332-1338.

Schweizer M. 1991. Option hedging for semimartingales. *Stochastic Processes and Applications*, 37: 339-363.

Sharpe W F. 1964. Capital asset prices: A theory of market equilibrium under conditions of risk. *J. of Finance*. 19: 425-442.

Tversky A, Kahneman D. 1992. Advances in prospect theory: Cumulative representation of uncertainty. *J. Risk Uncertainty*, 5: 297-323.

Vandaele N, Vanmaele M. 2008. A locally risk-minimizing hedging strategy for unit-linked life insurance contracts in a Lévy process financial market. *Insurance: Mathematics and Economics*, 42: 1128-1137.

Wang N. 2007. Optimal investment for an insurer with exponential utility preference. *Insurance: Mathematics and Economics*. 40: 77-84.

Wang Z, Xia J, Zhang L. 2007. Optimal investment for an insurer: The martingale approach. *Insurance: Mathematics and Economics*, 40 (2): 322-334.

Xu G L, Shreve S E. 1992. A duality method for optimal consumption and investment under short-selling prohibition. II. Constant market coefficients. *The Annals of App lied Probability*, 2: 314-328.

Yang H L, Zhang L H. 2005. Optimal investment for insurer with jump-diffusion risk process. *Insurance: Mathematics and Economics*, 37: 615-634.

Yaari M E. 1987. The dual theory of choice under risk. *Econometrica*, 55(1): 95-115.

Yong J M, Zhou X Y. 1999. *Stochastic Controls: Hamiltonian Systems and HJB Equations*. New York: Springer-Verlag.

Yuen K C, Liang Z, Zhou M. 2015. Optimal proportional reinsurance with common shock dependence. *Insurance: Mathematics and Economics*, 64: 1-13.

Zakamouline V, Koekebakker S. 2009. A Generalisation of the Mean-Variance Analysis. *European Financial Management*, 15 (5): 934-970.

Zhou C. 1997. A Jump-Diffusion Approach to Modeling Credit Risk and Valuing Defaultable Securities. *Finance and Economics Discussion Series*.

Zhou X Y, Li D. 2000. Continuous-time mean-variance portfolio selection: A stochastic LQ framework. *Appl. Math. Optim.*, 42: 19-33.

Zhou X Y, Yin G. 2003. Markowitz mean-variance portfolio selection with regime switching: A continuous time model. *SIAM J. Control Optim.*, 42: 1466-1482.

Zhou X Y, Yong J, Li X. 1997. Stochastic verification theorems within the framework of viscosity solutions. *SIAM J. Control Optim.*, 35: 243-253.

索 引